邮政快递业助力脱贫攻坚实践与成果

国家邮政局扶贫工作领导小组办公室　编

人民交通出版社股份有限公司
北　京

图书在版编目（CIP）数据

邮政快递业助力脱贫攻坚实践与成果／国家邮政局扶贫工作领导小组办公室编．— 北京：人民交通出版社股份有限公司，2021.5

ISBN 978-7-114-17197-0

Ⅰ．①邮… Ⅱ．①国… Ⅲ．①邮政业务—作用—扶贫—成就—中国 Ⅳ．①F126

中国版本图书馆 CIP 数据核字（2021）第 060436 号

书　　名：	邮政快递业助力脱贫攻坚实践与成果
著　作　者：	国家邮政局扶贫工作领导小组办公室
责任编辑：	韩亚楠　郭晓旭
责任校对：	孙国靖　扈　婕
责任印制：	张　凯
出版发行：	人民交通出版社股份有限公司
地　　址：	（100011）北京市朝阳区安定门外外馆斜街 3 号
网　　址：	http://www.ccpcl.com.cn
销售电话：	（010）59757973
总 经 销：	人民交通出版社股份有限公司发行部
经　　销：	各地新华书店
印　　刷：	北京印匠彩色印刷有限公司
开　　本：	720×980　1/16
印　　张：	12
字　　数：	116 千
版　　次：	2021 年 5 月　第 1 版
印　　次：	2021 年 5 月　第 1 次印刷
书　　号：	ISBN 978-7-114-17197-0
定　　价：	68.00 元

（有印刷、装订质量问题的图书由本公司负责调换）

编委会

名誉顾问：马军胜

顾　　问：杨春光

主　　任：张星朝

副 主 任：沈鸿雁

编　　委：邓治国　王岳含　李　慧　刘　江
　　　　　　葛嵘峰　李一芬　熊伊雪

前 言
PREFACE

消除贫困，改善民生，实现共同富裕，是社会主义的本质要求，是我们党的重要使命。党的十八大以来，以习近平同志为核心的党中央把脱贫攻坚纳入"五位一体"总体布局和"四个全面"战略布局，摆到治国理政的突出位置，采取一系列具有原创性、独特性的重大举措，组织实施了人类历史上规模空前、力度最大、惠及人口最多的脱贫攻坚战。经过8年持续奋斗，新时代脱贫攻坚目标任务如期完成。2021年2月25日，在全国脱贫攻坚总结表彰大会上，习近平总书记向全世界庄严宣告，在迎来中国共产党成立一百周年的重要时刻，我国脱贫攻坚战取得了全面胜利，现行标准下9899万农村贫困人口全部脱贫，832个贫困县全部摘帽，12.8万个贫困村全部出列，区域性整体贫困得到解决，完成了消除绝对贫困的艰巨任务，创造了又一个彪炳史册的人间奇迹！

邮政快递业通政、通商、通民，是传递美好最广泛、乡土气息最浓厚、服务群众最直接的行业之一。在全面打赢脱贫攻坚战这一中华民族伟大而光荣的历史进程里,全国邮政系统深入贯彻习近平总书记关于扶贫工作的重要论述,始终把助力脱贫攻坚作为增强"四个意识"、坚定"四个自信"、做到"两个维护"的实际行动,始终牢记"人民邮政为人民"的初心使命,始终坚持发挥行业优势与立足贫困地区实际相结合,全面发动行业力量、全面加强贫困地区服务网络覆盖、全面提升贫困地区邮政快递业服务水平,积极探索创新行业服务精准脱贫模式。400余万邮政干部职工、从业人员积极响应习近平总书记号召,踊跃投身脱贫攻坚战,为决胜全面建成小康社会、决战脱贫攻坚作出了积极贡献。

为真实记录党的十八大以来全国邮政系统开展精准扶贫的历史实践,集中展示400余万邮政干部职工、从业人员在这伟大历史进程中的时代群像,梳理总结邮政快递业助力脱贫攻坚形成的创新成果,挖掘凝练蕴含其中的精神价值,大力弘扬"上下同心、尽锐出战、精准务实、开拓创新、攻坚克难、不负人民"的脱贫攻坚精神,国家邮政局扶贫工作领导小组办公室组织编写了《邮政快递业助力脱贫攻坚实践与成果》。希望通过此书的出版发行,激励广大干部职工更加紧密地团结在以习近平同志为核心的党中央周围,坚定信心决心,以永不懈怠的精神状态,一往无前的奋斗姿态,真抓实干、埋头苦干,向着实现第二个百年奋斗目标奋勇前进!

国家邮政局扶贫工作领导小组办公室
2021年4月

国家邮政局党组书记、局长马军胜深入河北省平泉市定点扶贫一线考察帮助引进的农村公路改造项目

国家邮政局党组成员、副局长戴应军在甘肃省调研扶贫工作开展情况

国家邮政局党组成员、副局长刘君到贵州省黔东南州榕江县塔石乡怎贝村督战定点帮扶工作

国家邮政局党组成员、副局长杨春光在河北省平泉市调研蘑菇产业发展情况

国家邮政局党组成员、副局长赵民深入宁夏回族自治区固原市西吉县将台堡镇甘岔子村开展扶贫帮扶工作

目 录
CONTENTS

第一章 邮政快递业助力脱贫攻坚的指导思想与优势作用 ………… 1

一、邮政快递业助力脱贫攻坚的指导思想 …………… 1

二、邮政快递业扶贫的优势与作用 …………… 6

第二章 邮政快递业助力脱贫攻坚的整体部署 ………… 12

一、国家邮政局助力脱贫攻坚的部署举措 …………… 12

二、各级邮政管理部门助力脱贫攻坚的部署举措 ……… 17

三、邮政快递企业助力脱贫攻坚的举措 …………… 31

第三章 邮政快递业助力脱贫攻坚的主要措施与成效 ………… 37

一、邮政快递业助力脱贫攻坚的总体成效 …………… 37

二、建制村通邮的主要措施与成效 …………… 41

三、"邮政在乡"的主要措施与成效 …………… 42

四、"快递下乡"的主要措施与成效 …………… 56

五、产业协同扶贫的主要措施与成效 …………………… 62

六、就业培训扶贫的主要措施与成效 …………………… 74

第四章 国家邮政局定点扶贫的主要措施与成效 ……… 79

一、坚持抓责任、强担当，不断扣紧脱贫攻坚链条 …… 79

二、坚持抓产业、强增收，持续增强脱贫致富能力 …… 80

三、坚持抓保障、强支撑，持续提升脱贫攻坚质效 …… 82

四、坚持抓平台、强合力，不断拓展深化大扶贫格局

………………………………………………………… 83

五、坚持抓党建、强基础，牢牢掌握脱贫攻坚主动权

………………………………………………………… 85

第五章 邮政快递业助力脱贫攻坚的典型模式 ………… 88

一、产业扶贫模式 …………………………………………… 88

二、电商扶贫模式 …………………………………………… 96

三、就业扶贫模式 ………………………………………… 103

四、消费扶贫模式 ………………………………………… 107

五、帮扶扶贫模式 ………………………………………… 114

六、多模式扶贫模式 ……………………………………… 119

第六章 邮政快递企业助力脱贫攻坚的主要做法与成效 ……………………………………………… 128

一、中国邮政助力脱贫攻坚的主要做法与成效 ……… 128

二、顺丰速运助力脱贫攻坚的主要做法与成效 ……… 133

三、京东物流助力脱贫攻坚的主要做法与成效 ……… 135

四、中通快递助力脱贫攻坚的主要做法与成效 ……… 139

五、圆通速递助力脱贫攻坚的主要做法与成效 ……… 142

六、申通快递助力脱贫攻坚的主要做法与成效 ……… 144

七、韵达速递助力脱贫攻坚的主要做法与成效 ……… 147

八、百世快递助力脱贫攻坚的主要做法与成效 ……… 152

九、苏宁物流助力脱贫攻坚的主要做法与成效 ……… 155

十、德邦快递助力脱贫攻坚的主要做法与成效 ……… 159

十一、菜鸟网络助力脱贫攻坚的主要做法与成效 …… 162

第七章 邮政快递业从助力脱贫攻坚走向助力乡村振兴 …………………………………… 164

一、邮政快递业助力乡村振兴的广阔前景 ………… 164

二、邮政快递业助力乡村振兴的重点领域 ………… 168

三、邮政快递业助力乡村振兴的路径建议 ………… 172

第一章 邮政快递业助力脱贫攻坚的指导思想与优势作用

党的十八大以来，以习近平同志为核心的党中央把脱贫攻坚纳入"五位一体"总体布局和"四个全面"战略布局，摆到治国理政的突出位置，采取一系列具有原创性、独特性的重大举措，组织实施了人类历史上规模空前、力度最大、惠及人口最多的脱贫攻坚战。经过8年持续奋斗，脱贫攻坚目标任务如期完成，困扰中华民族几千年的绝对贫困问题得到历史性解决，取得了令全世界刮目相看的重大胜利。邮政快递业全面贯彻落实习近平总书记关于扶贫工作的重要论述，坚守"人民邮政为人民"的初心使命，充分发挥物流、商流、信息流、资金流"四流合一"的优势，为脱贫攻坚战的全面胜利贡献了行业力量。

一、邮政快递业助力脱贫攻坚的指导思想

（一）坚持以中国特色反贫困理论为统领

习近平总书记关于脱贫攻坚的一系列重要论述，把马克思主义基本理论与中国脱贫攻坚实际相结合，形成了全面系统、深刻丰富的中国特色反贫困理论，系统回答了脱贫攻坚的政治保证、价值取向、制度支撑、实践路径、动力源泉、社会基础、

作风保障等一系列重大问题,是我国脱贫攻坚伟大实践的理论结晶,是马克思主义反贫困理论中国化最新成果,是习近平新时代中国特色社会主义思想的重要组成部分。邮政快递业助力脱贫攻坚的过程中,始终将中国特色反贫困理论作为统领与根本遵循,深刻理解把握脱贫攻坚战略思想的精神内涵、战略方向与实施方略,坚持突出整体谋划,重点补齐短板弱项,将邮政快递业扶贫的思想行动与中央决策部署相统一,将邮政快递业发展目标与脱贫攻坚总体要求相统一,将邮政快递网络重点拓展方向与脱贫攻坚重点帮扶区域相统一,将邮政快递业治理能力提升与中国贫困治理新体系建设相统一,强化扶贫工作领导责任制,完善邮政快递业扶贫政策支撑体系,加大老少边穷地区通邮力度,创新邮政快递业扶贫实践,紧紧扭住产业扶贫与就业扶贫两个"牛鼻子",不断推动邮政快递业脱贫攻坚向纵深发展。

国家邮政局会同有关部门出台相关文件积极推动脱贫攻坚

(二)坚持以"人民邮政为人民"为宗旨

邮政快递业的发展根基在人民、血脉在人民、力量在人民。在推动脱贫攻坚的过程中,邮政快递业始终坚持以人民为中心的发展思想，秉承"人民邮政为人民"的初心使命，牢牢把握脱贫攻坚的人民性，尊重贫困地区贫困群众的主体地位与根本需求，将贫困群众作为邮政快递业助力脱贫攻坚的决定性力量，把贫困群众对美好生活的向往作为邮政快递业扶贫的奋斗目标。根据扶贫的阶段性特征，贯彻扶贫瞄准机制，逐渐将扶贫重点由县、村向贫困户和贫困群众转移，实现贫困群众志智双扶，增强贫困人口参与邮政快递业扶贫的主体价值，激发内在动力，阻断返贫路径。

（三）坚持以五大发展理念为指引

在深刻把握经济社会发展规律和根本走向的基础上，党的十八届五中全会提出创新、协调、绿色、开放、共享"五大发展理念"。新发展理念既遵循了党的思想路线的本质要求，也是对党关于发展理论的重大升华，更是关乎我国发展全局的深刻变革，为我国各项事业建设提供了科学指导和行动指南，也为脱贫攻坚工作提供了思想引领。为有效应对新时代邮政快递业脱贫攻坚工作中面临的新情况、新问题、新困境，邮政快递业坚持把新发展理念作为精准扶贫、脱贫攻坚的指挥棒和"红绿灯"，把全行业脱贫攻坚的思想和行动着力统一到新发展理念上来。在脱贫工作中，努力提升贯彻新发展理念的能力和水平，及时调整不适应新发展理念的思路做法，有效破解脱贫攻坚的发展难题，增强发展动力，厚植发展优势。

在脱贫攻坚中，邮政快递业始终坚持创新发展理念，将创新作为引领扶贫工作的第一动力。不断创新邮政快递业扶贫的理论基础，丰富完善邮政快递业扶贫制度、政策体系，将科技创新与扶贫工作深度融合，加大科技智能产品扶贫力度，聚焦贫困地区、贫困户及贫困人员资源条件，深度对焦致贫原因，以问题为导向，通过模式创新和业态创新，有效发挥贫困地区农产品特色优势，着力打造多效上行通道。

悬崖村邮政无人机邮路

菜鸟网络向贫困村捐赠的智能快递柜

在脱贫攻坚中，邮政快递业始终坚持协调发展理念，将城乡区域协调发展作为扶贫工作的目标、任务与检验标准。坚持各地区、各产业及邮政快递业各细分市场在运力配置、资源优化、网点布局等方面相互适应、有机配合、优势互补、统筹推进,既兼顾国家脱贫攻坚整体布局,又加快邮政快递业网络短板补建,促进农业现代化、物流智慧化、邮政普惠化同步发展。

在脱贫攻坚中,邮政快递业始终坚持绿色发展理念。深入贯彻落实习近平总书记对邮政快递业提出的"要注意节约环保,杜绝过度包装,避免浪费和污染环境"❶的重要指示批示精神,将生态文明建设作为邮政快递业扶贫的根本前提,坚持可持续发展,加强贫困地区邮政快递业的绿色化、减量化、可循环发展,加大对有毒有害包装的查处力度,推动新能源及清洁能源车使用比例,提升可循环包装使用比例,以邮政绿色化推动农业绿色化建设,坚持走生产发展、生活富裕、生态良好有机结合的邮政快递业生态文明扶贫新道路。

无界控股和菜鸟网络分别设计的特色农产品绿色包装

---

❶ 新华社. 习近平在河南考察时强调 坚定信心埋头苦干奋勇争先 谱写新时代中原更加出彩的绚丽篇章[N]. 人民日报. 2019-09-19(1).

在脱贫攻坚中，邮政快递业始终坚持开放发展理念，将邮政快递业扶贫工作与邮政快递业国际化建设相结合。既立足国内市场，帮助贫困地区农产品加快出村进程，又聚焦国际市场，以网络优势与电商平台优势，增强贫困地区农产品品牌效应，加快出海步伐，将贫困地区农业发展与国际需求更好融合。进一步扩大销售网络，拓宽销售路径，通过开放发展，培育、形成邮政快递业扶贫、助力贫困人口增产增收的新机制、新路径、新动力。

在脱贫攻坚中，邮政快递业始终坚持共享发展理念，促进邮政资源集约共享。为解决贫困地区资源匮乏、邮政基础设施不足的困境，通过交邮合作、邮快合作、快快合作等方式推动仓转运配各环节共享共配，形成资源合力，提升服务效率。促进数据资源共享，充分发挥邮政"五流合一"的数据优势，增强与上下游产业数据共享力度，提升贫困地区供需对接能力。实现贫困群众共享扶贫成效，始终将贫困群众作为扶贫工作的主体，坚持人人参与、分工合作、成果共享，最大限度将邮政快递业发展政策、发展成果向扶贫地区转移，引导加大市场资源向贫困地区的投资力度，调动贫困地区参与邮政快递业扶贫的积极性与主动性，推动邮政快递业在脱贫攻坚中发挥更大作用。

二、邮政快递业扶贫的优势与作用

邮政快递业作为国家重要公用事业，为国家所系、民生所依、发展所需。自诞生之日起，就承担着通政、通商、通民的历史使命，周总理曾亲笔题词"传邮万里，国脉所系"。作为国家战略性基础设施和社会组织系统，邮政快递业在扶贫工作中发挥了战略性、基础性、支撑性作用。行业发展与脱贫攻坚相辅相成，辩证统一。邮政快递业发展为脱贫攻坚提供基础保障，脱贫攻坚为行业发展提供新的空间。邮政快递业以广泛的网络覆盖，多元的产业体系，多样的服务模式，在实现贫困地区信息畅通、产品流通、资金融通、农资贯通等方面表现出较强的行业优势。

（一）邮政快递业畅通贫困地区经济循环

邮政快递业为脱贫攻坚提供了新思路。俗话说"要想富，先修路"，但修好路之后，要想实现集体富裕，更重要的是振兴产业，引入活水资源。在传统农产品销售模式下，大宗物流对农产品生产规模、运输便利性、运输距离等都有较高要求。贫困地区路远道阻，传统农产品流通模式下，货损、运输成本都较高。受销售范围相对狭小、信息不对称等因素制约，农民抵抗自然灾害与周期性风险的能力薄弱，既阻碍了农业产业的发展，也限制了农民收入的提升。

为打通农村地区流通渠道，我国邮政快递业着力增强农村基础网络建设，提升乡镇网络覆盖率。在许多没有公路、网络的贫困地区，邮路成为村民与外界沟通交流的唯一渠道，成为农产品上行、农资产品与工业品下行的主要通道。2019年，我国邮路与快递服务网络条数为20.3万条，农村邮政投递路线达10.2万条。全国邮路和快递服务网络总长度（单程）4085.9

万公里，是公路总里程的 8.2 倍，农村邮政投递路线长度（单程）达 419.9 万公里，投递路线遍布各个村庄，村邮站覆盖率达 100%。邮政快递业以其网络覆盖率高、寄递速度快等优势，在与农村电商有机融合后，充分发挥开放性特点，很好弥补传统农产品流通模式的不足，帮助贫困地区的农民打破传统农业生产活动地域限制，直面全国（甚至世界）市场，为农民提供农产品直销与运输渠道，构建从农产品种植到销售的全链条服务，提升农产品的流转效率，帮助农特产品出村进城出海，有效促进农产品供需衔接，加速农产品上行，实现农产品从"田间地头直达餐桌"，为农业产业化发展开启新纪元。邮政快递业已成为畅通贫困地区经济循环，保障贫困地区农业生产的重要渠道。

（二）邮政快递业是实现城乡均等的重要动能

我国贫困问题具有明显的城乡二元特征。在客观条件上，贫困的产生往往是由地理位置偏远、自然资源缺乏、生态环境脆弱等原因导致的，并与人们长期相对封闭、同外界脱节、文化素质不高，以及产业结构单一、经济发展滞后、抗风险能力不足等因素相互交织，由此造成经济社会发展水平上的落后与城乡之间的发展差距。现如今，贫困人口的分布已由区域性、整体性贫困过渡到局部性、个体性贫困，贫困人口的分布更加集中在边远山区、少数民族聚居区、革命老区和省际交界区等的农村地区，形成集中连片特困地区。邮政快递业在推动扶贫领域实现城乡均等方面具有天然的优势。李克强总理曾强调，快递把农村的东西送到城市去，城市的东西送到农村来，缩小了城乡差距。

邮政快递业坚持问题导向，加快贫困地区邮政快递基础设施建设，大力推动建制村通邮，开展"快递进村"工程，推动邮政快递服务网络全面覆盖，基本实现有条件的建制村全部通邮通快递。邮政快递业聚焦贫困地区和贫困人口发展不平衡、不充分问题，不断以邮政快递业为主渠道，通过完善贫困地区农村物流配送体系，加强特色优势农产品生产基地冷链设施建设等，增强偏远落后贫困地区农业现代化产业基础，极大改善了贫困地区人民的用邮环境，不断提升城乡公共服务均等化水平，缩小城乡发展差距和居民生活水平差距，保障了全国人民共享邮政体制改革的成效。

辽宁省锦州市义县申通"快递+扶贫"，爱心助农，帮助农户销售配送皇妃梨

（三）邮政快递业提升贫困人口生活水平

邮政快递业，以网络下沉带动电商下沉，推动了贫困地区网络商品零售的繁荣，与传统销售模式相比，电商销售模式大幅缩短销售链条，减少中间经销环节，使生产商直面消费者，

有效避免中间商分成获利，明显降低销售成本。随着农村快递网络覆盖率的提升，以拼多多、云集等为代表的拼购、微商，能更好利用规模优势，进一步降低销售成本，以相对较低的价格打开农村消费市场。为此，在邮政快递业推动下，电商差异化发展，在一定程度上拓宽了贫困人口的消费渠道，丰富了贫困人口的消费选择，降低了贫困人口的生活成本，使贫困地区的居民可以享受到价廉物美的商品。在满足基本生存需求的基础上，不断改善生活质量。另外，通过邮政快递渠道，可进一步压低农资产品价格，降低农业生产成本，促进贫困地区农业生产降本增效，激发定点扶贫地区和农村低收入人群发展的内生动力，促进解决绝对贫困问题后的保障和民生改善问题，不断增强人民的获得感、幸福感和安全感，助力实现发展为了人民、发展依靠人民、发展成果由人民共享。

快递进农村，贫苦人口可以享受低价便利的网购服务

过去，邮政快递业肩负扶贫重任，从业人员用热血和青春，为老少边穷地区铺就一条条致富路，架起一座座希望桥；用执着与奉献，为扶贫事业挥洒汗水与泪水，贡献智慧与生命。进

入新时代,邮政快递业秉承扶贫优良历史传承,坚决贯彻党中央、国务院关于扶贫的决策部署,开启脱贫攻坚新征程。全行业聚焦精准扶贫战略,构建完善扶贫体系,充分发挥行业资源优势,创新扶贫开发机制,着力将邮政快递业打造成为扶贫开发新引擎。

第二章 邮政快递业助力脱贫攻坚的整体部署

一、国家邮政局助力脱贫攻坚的部署举措

脱贫攻坚是习近平总书记最牵挂的第一民生工程。党的十八大以来，国家邮政局党组深入贯彻习近平总书记关于扶贫工作的重要论述，始终把助力脱贫攻坚作为增强"四个意识"、坚定"四个自信"、做到"两个维护"的实际行动，始终牢记"人民邮政为人民"的初心使命，始终坚持发挥行业优势与立足贫困地区实际相结合，像推动行业发展一样推动脱贫攻坚工作，像落实行业发展目标一样落实脱贫攻坚任务，全面发动行业力量、全面加强贫困地区服务网络覆盖、全面提升贫困地区邮政快递业服务水平，积极探索行业服务精准脱贫模式，引领400余万邮政从业人员扎实工作、攻坚克难，在打好脱贫攻坚战中谱写了"人民邮政为人民"的时代新篇章。2021年2月25日，习近平总书记在全国脱贫攻坚总结表彰大会上，将"具备条件的乡镇和建制村全部通硬化路、通客车、通邮路"[1]作为脱贫攻坚历史贡献和重要成效给予了充分肯定。

---

[1] 习近平. 在全国脱贫攻坚总结表彰大会上的讲话[N]. 人民日报. 2021-02-26（2）.

（一）提高政治站位，扛起政治责任

国家邮政局党组始终坚持以人民为中心的发展思想，扛起政治任务，强化责任担当。成立扶贫工作领导小组，党组书记任组长，专门设立扶贫工作领导小组办公室，协调推进定点扶贫工作，强化各级邮政管理部门属地责任。签订了年度定点扶贫工作责任书，将扶贫任务明确到人、落实到岗，做到扶贫工作优先对接、扶贫资金优先保障、扶贫措施优先落实，尽最大努力将行业改革发展的成果更多更广地惠及贫困人口。定期组织国家邮政局党组成员带队深入基层指导系统扶贫工作，总结推广"部门搭平台、协会来引导、产业作支撑、企业践责任"的脱贫经验。制定务实管用的举措，强化工作督导，制定印发《国家邮政局关于印发〈邮政业助力脱贫攻坚三年行动方案（2018—2020）年〉的通知》（国邮发〔2018〕98号），联合有关部门出台《交通运输部等十八部门关于认真落实习近平总书记重要指示 推动邮政业高质量发展的实施意见》（交政研发〔2019〕92号）、《国家邮政局 国家发展改革委 财政部 农业农村部 商务部 文化和旅游部 供销合作社关于推进邮政

国家邮政局召开扶贫工作部署会议

业服务乡村振兴的意见》（国邮发〔2019〕36号）等政策文件，进一步加大邮政快递业助力脱贫攻坚的政策支持力度。

（二）补齐发展短板，筑牢脱贫根基

我国农村贫困人口基数大、结构复杂、表现多样，为更好地回应解决多元贫困的现实需求，国家邮政局作为邮政快递业扶贫开发的主导力量，认真落实中央预算投资项目，加强贫困地区邮政快递基础设施建设。完善邮政乡村服务设施，加快邮政网点、危旧局所改造，优先考虑深度贫困地区，推动贫困地区建制村直接通邮；同时，国家邮政局深入实施"快递下乡"工程，推进县、乡、村三级快递服务体系建设，完善贫困地区快递服务网络。推动县级快递处理设施、冷链仓储设施建设，破解农村快递基础设施不健全、不配套的问题。支持邮政快递企业与农业、供销、商贸等企业合作，加强县城共同配送中心建设，建立县、乡、村消费品和农资产品寄递网络体系。在空白乡镇局所补建、建制村通邮、快递下乡三大工程的推动下，邮政快递业已构建起覆盖城乡、惠及全民的网络体系。

（三）提升服务水平，促进产业协同

国家邮政局在扶贫过程中，坚持扶贫水平均等化的发展思路，优先在贫困地区加大运输、投递车辆投入，加强贫困县邮件快件处理中心、分拨中心建设，优化运输网络组织，加快市县到乡镇的运递，不断提升贫困地区寄递服务水平。支持邮政快递企业依托邮政基础网络优势，打造邮政综合服务平台，叠加服务功能，拓展代理政务、收费、金融、税务、票务、网购、农资分销等服务,发挥便民利商通政的综合服务功能,促进社会组织系统高效运行。鼓励邮政快递企业在农村及边远地区利用无人机投递邮件快件,探索破解农村末端服务难题的方法。

国家邮政局在模式创新上不断加大推动力度,积极推广"寄递+电商+农特产品+农户"产业脱贫模式,扶持贫困地区发展种植养殖业、农产品加工业、特色手工业等,培育推广"一地一品",带动贫困地区脱贫增收。支持邮政快递企业向农业产业链上游延伸,服务种养农户和农业合作组织,着力送服务、压环节、降成本,打造安全优质农产品"三品一标"公共品牌和快递服务农产品金牌项目,推动农产品规模化、产业化、品牌化发展,提升精准扶贫的能力水平。鼓励邮政快递企业采取组建农产品电商营销团队、与第三方开展合作等形式,参与农村电商人才培育、特色农产品项目孵化,服务产销对接、扩大农村就业,促进农村电商的可持续发展。支持邮政企业依托"邮乐网""邮掌柜"系统,打造线上线下一体化的邮政农村电商O2O平台,实现自有网点对贫困县、有条件的贫困村全覆盖。

云南省怒江堵堵洛村产业扶贫服务平台+农村快递体系项目

（四）促进合作共享，吸收扩大就业

国家邮政局在推动邮政快递业扶贫过程中，充分发挥市场在资源配置中的决定性作用，促进行业内外资源共享整合。鼓励邮政快递和交通运输企业以县级及以下地区为重点，利用农村网点在邮件快件代运代投、业务代理等方面加强合作，提升网络资源的综合利用效率、降低运营成本。引导邮政企业对外共享贫困县县级及以下邮政网络，创新与快递企业合作模式，推进农村邮件快件共同运输、共同投递，提高邮政基础设施利用率。鼓励快递企业以合资合作方式，健全县、乡、村快递服务网络，提升邮件快件处理、运输、收派环节作业效率，降低农村快递成本。支持邮政快递企业与电子商务企业深化合作，共享农村邮政快递业基础设施，共建县、乡、村电子商务快递物流网络。鼓励中国邮政储蓄银行依托邮政网络优势，面向"三农"开办小额贷款业务，破解农村地区融资难、融资贵问题。

国家邮政局充分发挥行业劳动密集型优势，加大邮政快递业就业扶贫力度。鼓励有条件的贫困县建设快递物流园区，引导快递企业和相关产业集聚发展，积极开发就业岗位，吸纳当地贫困人口就近就业。协助做好贫困地区劳务输出工作，引导邮政快递企业提供合适的就业岗位，定期赴贫困地区招聘员工。鼓励邮政行业人才培养基地招收贫困家庭学生，帮助有就业意愿的毕业生实现就业。

二、各级邮政管理部门助力脱贫攻坚的部署举措

（一）加强组织领导，严格责任落实

各级邮政管理部门严格落实国家邮政局党组部署，制定印发《邮政业助力脱贫攻坚三年行动方案（2018—2020 年）》《关于推进邮政快递业服务乡村振兴的实施意见》等多项制度文件，联合发展和改革委、财政、农业农村、商务、文化和旅游、供销合作等部门在规划编制、政策制定、项目建设、资金保障、机制建设等方面加强协同，形成工作合力。

河北局联合相关部门印发《关于推进邮政业服务农村电子商务协同发展的实施意见》（冀邮管〔2017〕19 号）、《关于实施快递入区下乡出境工程促进快递业与电子商务协同发展的意见》（冀邮管〔2017〕75 号）等文件。福建局在《福建省推进电子商务与快递物流协同发展实施方案》（闽政办〔2018〕23 号）中明确行业扶贫政策，将推动快递进村纳入福建省实施乡村振兴战略实绩考核事项，为快递下乡进村、农村渠道共建及设施共享、农村物流三级体系建设等打下坚实基础。上海局采取印发《上海市邮政业助力脱贫攻坚工作简报》等方式，引导快递企业立足农村，放眼长远，以扶贫项目引领，踏踏实实做好农村电商寄递服务。重庆局联合地方部门印发《重庆市"互联网+"农产品出村进城工程实施方案（2020—2022 年）》等，为行业助力脱贫攻坚提供政策支撑。陕西局协调相关部门出台《关于进一步推进物流降本增效促进实体经济发展的实施

意见》(陕政办发〔2018〕3号)、《关于推进电子商务与快递物流协同发展的实施意见》(陕政办发〔2018〕21号)等政策文件,积极推动全省邮政快递业助力脱贫攻坚。宁夏局制定并印发《关于印发〈宁夏寄递行业精准扶贫实施方案〉的通知》(宁邮管发〔2016〕119号)《关于推进线上线下互动加快商贸流通创新发展转型升级的实施意见》(宁政办发〔2016〕226号)、《宁夏回族自治区邮政管理局关于印发〈推进"十三五"期间建制村直接通邮工作方案〉的通知》(宁邮管发〔2017〕107号)等系列文件,充分调动相关部门和市县政府积极性,上下协同助力脱贫攻坚。新疆局协调自治区人民政府,印发《关于深入推进我区电子商务与快递物流协同发展工作的通知》等文件,对加快推进农村物流发展、邮政快递业产业扶贫提供有力政策支撑。

(二) 立足行业职责,服务行业扶贫工作大局

各级邮政管理部门大力实施"邮政在乡"工程,全国100%的建制村已实现直接通邮。河北、浙江、安徽、湖南、吉林、青海等局助推完成新建、优化"邮乐购"站点,持续推进邮政快递业服务乡村振兴工作。浙江、河南、四川等局运用信息化手段加强建制村通邮投递服务监督,实行建制村投递打卡情况通报。湖南、吉林等局依托"邮掌柜"系统,改造农村商超、便利店,为农村地区提供商品购销、金融、寄递等电子商务多项服务。山西、吉林、重庆等局引导邮政快递企业不断完善农村基础设施建设,推动建成工业品下乡、农特产品进城"新高速"。上海局通

过引入第三方投递、组建农村代投员队伍等方式,推动农村投递深度开发。四川局加快县级快递园区建设,建设县级快递智能分拣中心,建设快递末端设施。西藏局协调加密邮运班期和投递频次,为特色高端农产品提供重点区域生鲜寄递业务。

山西省邮政管理局党组书记、局长秦红保前往吕梁市临县调研快递电商协同发展、推动行业助力贫困地区枣农增收情况

各级邮政管理部门持续推进"快递进村"工程,全国乡镇快递网点覆盖率达到98%。多省(自治区、直辖市)印发"快递下乡"工程实施方案等指导性文件,明确工作思路,强化工作部署。山西、江苏、浙江、福建、江西、山东、河南、陕西、广东、重庆等局加快落实"邮快合作""快快合作""快电合作""交邮快融合"、第三方平台等合作共配模式,鼓励打造"快递+金融""快递+超市""电信+快递"综合店、"快递流动车""公交邮路""交邮合作,快递进农村"等创新模式与品牌项目,推进运力资源互补共享,引导鼓励集约化配送,为"快递进村"工程有序推进开辟了更多路径。内蒙古、辽宁、广东等局支持农村快递发展与农业农村经济信息体系建设、农村电子商务发展等紧密结合,大力推进"互联网+快递""互

联网＋精准扶贫"等项目工程，优化乡镇农村快递网点布局和资源整合，促进行业发展和地区扶贫。

常熟市开通"虞快共配"公交邮路，推动公交车辆"定时、定班、定线路"代运邮件快件

河南省邮政管理局副局长王志强对确山县快递进村进行调研

各级邮政管理部门根据各地农业特色，挖掘优质农产品，持续开展快递服务现代农业"一地一品""一市一品""一县一

品"农特产品项目建设,积极打造快递服务农产品金银铜牌项目,培育"快递+"特色农产品项目。上海、浙江、山东、湖南、贵州、云南、宁夏、新疆等局推广"寄递+电商+农特产品+农户"的产业扶贫模式。辽宁、四川、陕西等局打造"线上销售+线下末端配送"的多元化销售渠道,开发"驻村设点""集中收寄""直配专线""融合发展""供应链"等创新模式。上海、福建、河南、西藏等局推动优质农品上线"学习强国""双品网购节"、邮乐网、极速鲜商城等平台,打通贫困地区农产品上行的主渠道。河北局编印《河北省快递服务现代农业和制造业推进与电子商务协同发展的报告》,推广"快递+"项目成功经验。江苏局打造"政府+邮政+龙头企业+合作社"模式,开发"黔货入苏""周货入苏"等扶贫项目。广西局培育"寄递+"特色农产品项目,协助邮政快递企业建设标准扶贫地方馆,引导快递业与广西特色食品加工业融合发展。海南局建立推广"邮政+合作社+落地配"模式,助力拓展生鲜电商零售业态,助力农业增效、农民增收。北京局充分发挥品牌和渠道优势,打造"京郊农品、邮政直送"服务品牌,开通"精准帮扶邮路"。天津局与涉农区政府对接,共同举办"农特产品快递服务直通车对接会"主题活动。江苏局、广西局打造"基地+品牌+平台+协同"农产品运作模式,探索扶贫农产品从源头到销售全产业链帮扶模式。江西局通过推行"六大机制",构建农产品网上销售平台,推出"老表情"江西农特产品牌。广东局发展农产品冷链物流,指导"乡城品"项目在扶贫点建立试点。

辽宁省邮政管理局党组在汪家村考察菊花种植项目

福建省南平市邮政管理局带领辖区快递协会及主要品牌快递企业负责人调研顺昌柑橘产、供、销情况，助力受到疫情影响滞销的柑橘上行

第二章 邮政快递业助力脱贫攻坚的整体部署

山东省聊城市邮政管理局在冠县葫芦生产基地开展邮政快递业服务特色农产品流通调研

广西壮族自治区邮政管理局党组书记、局长韦慧在百色市隆林县平班镇现代特色农业（西贡蕉）核心示范区调研产业扶贫和邮政快递业助力脱贫攻坚情况

各级邮政管理部门坚持扶贫先扶"志"和扶贫必扶"智"的扶贫理念，动员邮政快递行业积极开展农民就业创业扶持行动。吉林、黑龙江、上海、湖南、重庆、湖北、云南、宁夏、西藏、新疆等局在定点扶贫村举办劳务输出培训、驻村专题培训、职业技能等各类培训，帮助建档立卡贫困户实现劳务就业，促进进城务工人员多渠道转移就业。辽宁局建立农村电子商务发展中心，实地指导种植养殖农业生产技术。海南局建立"种植基地＋职业介绍"扶持就业模式，鼓励支持本地种植企业吸纳或者服务贫困劳动力就业。贵州局联合省人社厅印发《关于鼓励外出务工人员到快递行业就业的通知》，从多个方面鼓励外出务工人员到快递行业就业。甘肃局积极推动快递下乡扶贫"211工程"助推脱贫攻坚项目，推广"实训基地＋产业融合＋稳定就业"的就业脱贫模式，组织企业建立村级快递扶贫实训基地。

江苏省邮政管理局帮助金沙滩果蔬专业合作社销售扶贫产品金沙翠蜜梨

云南省怒江州邮政管理局举办 2020 年泸水市职业技能提升暨乡村快递物流培训

（三）谋划新思路，扎实做好定点扶贫

各级邮政管理部门先后召开多次扶贫专题工作会议，就扶贫的具体方式进行研究探讨。党组成员亲自带队深入帮扶村进行实地调研，结合实际需求和真实情况，制订脱贫方案，认真部署，推动实施。派选优秀干部到贫困村任第一书记或扶贫挂职干部，派驻工作队进行驻村帮扶，扎实开展精准扶贫工作，帮助建档立卡贫困人口脱贫。辽宁、吉林、黑龙江、内蒙古、海南、四川、青海、广东、贵州、甘肃、陕西、云南、西藏、新疆等局不断完善定点帮扶贫困村的水、电、路、房、网等公共基础设施建设，着力解决集体经济收入达标、有硬化路、有卫生室、有通信网络等问题，落实就业、医疗、教育、养老等民生工程。安徽、湖北、湖南等局根据实际情况制定一户一策、一人一措施，集中力量帮助困难群众解决实际困难。河

北保定局对易县西山北乡长峪开发了以农产品销售为主线的扶贫新途径。山西局积极协助贫困户搬迁新居，为贫困户发放农资补贴。

湖北省邮政管理局与挂点单位开展脱贫帮扶研讨

广东省邮政管理局副局长何青在阳春市岗美镇调研行业助力脱贫攻坚情况

新疆维吾尔自治区伊犁哈萨克自治州邮政管理局"访惠聚"工作队员帮助村民修建防渗渠

西藏自治区邮政管理局党组书记、局长王惠文慰问牧民群众并开展扶贫调研

（四）开展其他帮扶行动，确保实现高质量脱贫摘帽

各级邮政管理部门着力推进"以购代捐"消费扶贫工作，引导邮政系统干部职工、快递企业及社会力量购买或帮助销售贫困地区农副产品。黑龙江、安徽、福建、内蒙古、上海、河南等局引导邮政快递企业构建"邮政＋企业＋政府"扶贫体

系，助销滞销农产品。广东局推动广东省快递行业协会与帮扶村签订消费扶贫协议，开展"消费扶贫、爱心助农"活动。海南局组织开展消费扶贫"春风大行动""爱心扶贫大集市"等活动。西藏局开展"为国而宅、藏邮服务到家"疫情防控专题活动，引导本地扶贫企业参与线下销售。

安徽省邮政管理局赴马宅村开展消费扶贫活动

各级邮政管理部门积极开展各类各项扶贫活动，加大对贫困地区人员帮扶力度。安徽、重庆、四川、甘肃等局实施助学帮扶，开展捐资助学活动。广东局积极争取省财政厅促进经济高质量发展专项资金，对特色农产品线上销售的快递下乡网点建设给予补助。浙江局推进"邮善邮乐"项目建设，推动邮政与民政部门合作建设慈善超市，实现网上慈善特卖、慈善义卖及慈善捐赠功能。贵州局积极推动农村邮政基础设施建设纳入全省"四在农家·美丽乡村"基础设施建设行动计划。新疆局引导快递企业积极投身扶贫公益活动，实施"爱心包裹""母亲邮包"等包裹公益项目。安徽、山东、江西、云南、甘肃、四川等局积极开展扶贫慰问活动。

时任安徽省邮政管理局党组书记、局长李勇走访慰问贫困户

山东省邮政管理局机关党委组织到"双报到"社区开展扶贫慰问活动

邮政快递业助力脱贫攻坚实践与成果

江西省邮政管理局在定点扶贫村萍乡市上栗县宫江村，联合邮政快递企业开展"爱心捐助"活动

云南省邮政管理局党组书记、局长魏水旺到贫困农户家庭走访慰问

第二章　邮政快递业助力脱贫攻坚的整体部署

甘肃省邮政管理局党组书记、局长孙广明深入结对帮扶贫困户家中开展帮扶

四川省邮政管理局为理塘县濯桑乡格下村孩子送书包

三、邮政快递企业助力脱贫攻坚的举措

（一）贯彻战略部署，统筹扶贫工作

邮政快递企业高度重视扶贫工作，深入贯彻党中央关于打赢精准脱贫攻坚战的决策部署，以及《中共中央　国务院关于

打赢脱贫攻坚战的决定》（中发〔2015〕34号）等文件要求，为助力国家打赢脱贫攻坚战、全面建成小康社会、实现中华民族伟大复兴贡献力量。

中国邮政充分发挥央企责任担当，坚持集团统筹、各省负责、市县落实的工作机制，聚焦国家级贫困县和贫困群体，发挥"扎根农村、支持小微、贴近社区"特色优势，实现扶真贫、真扶贫、真脱贫的扶贫目标。顺丰速运围绕"精准扶贫、精准脱贫"基本方略，充分发挥自身"物流、资金流、信息流"优势，推动教育发展、儿童医疗救助、扶贫济困等公益领域活动。京东物流践行企业社会责任，发挥自身供应链、物流、金融、技术、服务五大核心能力，帮助贫困地区实现从脱贫到"奔富"的跨越。中通快递发挥自身网络广度与深度优势，从产业扶贫、就业扶贫、教育扶贫等方面，为打赢脱贫攻坚战贡献中通智慧、中通力量、中通方案。圆通速递充分发挥公司网络覆盖范围广、就业吸纳容量大、产业带动力量强等自身优势，服务国家精准扶贫战略大局。申通快递重点从安老、扶幼、助学、济困四个方面部署，抓紧抓实每一项扶贫工作，将脱贫攻坚工作融入国家扶贫格局之中。德邦物流以农村快递物流站场资源共享、运力资源共用、信息资源融合为重点，努力提高农村网络覆盖率和整体服务水平，为服务乡村振兴、助力脱贫攻坚提供有力支撑。苏宁物流明确了精准扶贫和乡村振兴战略规划，把助力脱贫攻坚、乡村振兴任务落实到各产业、各地区，系统化推进脱贫工作。

（二）发挥自身力量，多措并举扶贫

邮政快递企业着力推进产业扶贫。中国邮政扶持成立朝天椒种植、香菇酱加工、中药材种植等专业合作社，开展促销推广活动，精心打造扶贫品牌。顺丰速运加强以主产区为代表的当地政府及商户深入合作，从借势"快递下乡"到"嵌入产业链"，从产品品质溢价迈向品牌溢价。德邦物流推出"特色产业+农村快递物流"服务模式，加强特色农产品经销企业、电商企业、快递物流企业等市场主体业务协同，促进订单农业、农产品直采直供等新型农业产业模式。韵达快递积极探索"快递+电商+农特产品+农户"产业扶贫模式，发挥网络及电商平台优势，将农户与全国市场高效对接。百世快递着力打造符合村镇发展模式的邻里驿站，健全乡镇、农村配送网络，全力支持和发展农村电子商务和快递业务。菜鸟网络着力从共配工程和专项行动下功夫，力图通过技术和商业共配、对口合作帮扶实现扶贫工作成效的最大化。

中国邮政扶持洛南县种植朝天椒喜获丰收

中通速递运输奉节脐橙，助力线上销售，拉动产业扶贫

邮政快递企业着力推进电商扶贫。中国邮政探索出的"邮乐网+原产地认证+地方邮政+农村合作社+农户"运营模式，极大地推动了农产品进城，帮助农民增产增收。苏宁物流推出"电商扶贫双百示范行动"及"包山包湖包海"计划，整合供应链，指导产销策略，走进基层进行电商培训，助力建设美好乡村。申通快递建立"营销宣传+信息交易"的助农电商平台，为微商、电商提供农产品的素材采集和一件代发服务，并通过移动互联网系统打通城市和农村的物流信息交易渠道。菜鸟网络积极整合阿里巴巴技术和电商资源，借助共配网络打通"产、供、运、销"链路，助推县域物流共配、特色农业、电子商务融合发展。

邮政快递企业着力推进就业扶贫。中国邮政采用"专科培养+资金补助+就业接受"模式，毕业后面向当地及西部地区的邮政企业安排就业。京东物流为解决疫情影响下的就业难问题，面向全国尤其是贫困地区开放包括仓储员、分拣员、快递员、驾驶员等在内的超过20000个一线岗位。中通快递打造"双创4.0"模式，增设创业基金，建立"一户一人"就业脱贫中通基地，实行战疫扶贫特别招聘与扶持措施。圆通速递积极参与劳务输出扶贫，帮助云南省普洱市澜沧拉祜族自治县贫困人口到上海就业。

邮政快递企业着力推进消费扶贫。中国邮政积极对接基层社会组织，运用直播带货、线上零售、线下集采等多种方式，帮助销售当地滞销农产品、扶贫产品。中通快递通过"电商平台+企业直供"的模式，在自有平台鼓励员工购买贫困地区优质农产品，以员工消费促进农户增收。韵达快递联合金融机构搭建销售平台，同时给予扶贫农产品的物流订单低于市场价的专享优惠费用，切实降低成本，支持扶贫农产品销售往全国。

顺丰速运等快递企业开通直播通道，宣传销售巫山脆李

"教育+就业"项目受助学生入职陕西省商洛邮政

邮政快递企业着力推进帮扶扶贫。中国邮政搭建公益合作平台,实施"爱心包裹""母亲邮包"等公益扶贫项目进行帮扶。申通快递助力"大爱无国界——让梦想飞扬"国际义卖活动,免费提供义卖物品寄递服务。百世快递推出"农品优行"计划,为新农人提供综合物流和智慧供应链解决方案,同时帮助地域性品牌扩大在全国的影响力和知名度,促进农户增收。

邮政快递企业着力推进多模式扶贫。中国邮政探索并推广精准扶贫、平台合作、产业引领、定点扶贫等扶贫模式,立足贫困地区产业特色,推动新型农业经营主体发展。中通快递通过"邮快合作""快快合作"等方式,完善农村网络发展模式,积极促进"快递进村"多方合作。圆通速递积极参与国家"万企帮万村"精准扶贫行动,通过基础设施建设、产业、教育、就业等多种形式助推精准脱贫。苏宁物流首创"苏宁易购扶贫实训店",通过在国家级贫困县属地化公司注册、实体店落地、线上线下融合,实现教育扶贫、就业扶贫、产业扶贫、捐资扶贫"四扶合一"。

第三章 邮政快递业助力脱贫攻坚的主要措施与成效

邮政快递业通政、通商、通民,是传递美好最广泛、乡土气息最浓厚、服务群众最直接的行业之一。随着"邮政在乡"和"快递下乡"工程实施,邮政快递网络已经成为覆盖最广、服务最深的服务网络,也逐步成为支撑农业、疏通农村、服务农民的重要生力军,畅通"工业品下乡、农产品进城"的流通渠道,吸纳贫困人口就业、帮助农民增收的重要动力源,为全面打赢脱贫攻坚战贡献了行业力量。

一、邮政快递业助力脱贫攻坚的总体成效

邮政快递业助力脱贫攻坚,为整体脱贫作出重要贡献。邮政快递业主动担当,充分利用行业在流通、网络、服务和人才等方面的优势,帮助贫困地区人民脱贫致富,为打赢脱贫攻坚战作出行业贡献。一是积蓄贫困地区产业转型和激励脱贫的新动能。在"快递+电商""快递+农民合作社""快递+仓储"等方面下功夫,推动快递与电商的融合,缩短农民到消费者之间的距离,打通特色农产品销售和工业品下农村双向流通的通道,逐步形成服务"三农"一条龙服务,实现从"寄包裹"向"产包裹"的转变。二是打造地区特色农产品品牌效应。行业

企业充分利用各自电商平台和销售渠道，打造地区特色农产品品牌，打造知名地方名片。三是促进农民就业创业，稳定就业惠民生促发展。行业企业在招录员工、发展加盟商和快递下乡网点、签订协议客户、寻求合作伙伴等生产经营环节，优先考虑当地农民和贫困户、农业合作社以及农业协会等组织，吸收贫困户到企业学习培训，帮助贫困户实现就业创业。四是推进定点扶贫工作。2016 年以来，邮政系统累计定点帮扶村共 211 个，有 339 名扶贫挂职干部奋战在脱贫攻坚第一线，负责同志到扶贫一线督导次数达 4000 余次。各级干部不畏艰险、奋力拼搏，全系统投入帮扶资金 7000 余万元，引进帮扶资金 3 亿余元，培训基层干部 2 千余名，培训技术人员 2 万余名，购买贫困地区产品 1000 余万元，帮助销售贫困地区农产品 4.7 亿余元，帮助引进企业 96 家，引入企业实际投资额 3.8 千万元，帮助脱贫人数 6.8 万余名，为我国脱贫攻坚事业作出了应有贡献。

广西壮族自治区邮政管理局组织企业到定点扶贫村贺州市钟山县龙虎村开展调研慰问活动

第三章 邮政快递业助力脱贫攻坚的主要措施与成效

内蒙古自治区邮政管理局组织企业对定点帮扶点化德县七号镇达拉盖村种植的近130吨滞销西瓜进行消费扶贫

邮政快递业助力脱贫攻坚,为决胜小康凝聚产业合力。国家邮政局全面发动行业力量、全面加强贫困地区服务网络覆盖、全面提升贫困地区邮政快递业服务水平,积极探索行业助力脱贫攻坚模式,为决胜全面建成小康社会凝聚产业合力。一是推广"互联网+电商+快递"模式,助力贫困农户创收脱贫。行业在不断完善服务网络的同时,积极寻求与农村、农业、农民的合作,借力"互联网+"在自有电商平台上推广涉农产品,畅通农产品销售渠道,同时带动工业品下乡,精准帮扶贫困农户。二是政企合作创建各地"特色馆",打造邮政快递网络专项助农通道。2019年8月,中通快递与宁夏红寺堡区委、区政府合力打造"红寺堡特色馆",上架富硒甜瓜、黄花菜、枸杞等多种优质农产品,组建专项团队亲赴产地调研,协同政府、企业、合作社等多方主体,发挥资源优势,积极疏导网销农特产品产业链,加快农特产品标准化建设体系，并提供一站式的快递服务解决方案。三是搭乘"直播经济"，与时俱进拓展销售新渠道。为帮助优质农特产品走出贫困地区，邮政快递业通过创建社群新零售平台、打造"主播天团"、举办"直播带货节"、提供高效增值服务等，帮助当地贫困群众创收。四是开发新业务，应用新技术，持续拓展助民脱贫模式。邮政快递业结合各地实际试点无人机配送、发力冷链运输、举办村播带货等。如中通快递云南管理中心针对当地生鲜水果、野生菌等市场特点，首推"优鲜送"产品，在收、转、运、派等流程优先处理、优先派送，确保生鲜品质得到保障，并同时推出"次日达"和"隔日达"时效产品，以各种措施护航快递，帮助当地农户大量创收。

邮政快递业助力脱贫攻坚，为贫困治理提供行业方案。国家邮政局着眼农村地区生产生活发展需要，引导邮政快递企业服务末端下沉，丰富业务种类，拓宽服务渠道，不断满足贫困地区人民群众脱贫致富的需求，为贫困治理提供行业方案。一是推广"寄递+农村电商+农特产品+农户"的产业扶贫模式，大力促进邮政快递业服务现代农业，为贫困地区产业转型注入新动能。2020年打造快递服务现代农业"一地一品"年业务量超百万件项目260个，业务量超千万件项目60个，农村地区年收投快件超过300亿件，带动农业产值927.87亿元，成为农村增收新源泉。二是面向贫困地区扩大就业招聘力度，推动从业人员返乡创业，带动贫困群众一起实现就业脱贫，拉动就业人数103.65万人，体现了行业应有价值。三是大力开展"扶智扶志"行动，将提升贫困地区劳动力就业技能、拓展青壮年劳动力就业渠道作为扶贫工作重点，多措并举有效阻止贫困现象代际传递。为农村提供各类培训4.6万次，培训农村人员数超195万人，通过人才培养，打通"造血"功能。

二、建制村通邮的主要措施与成效

"十三五"以前，我国有6.6%的建制村（即3.6万个建制村）没有直接通邮，当时通邮主要靠熟人捎带。为此，国家邮政局连续五年将建制村直接通邮任务列为为民办实事工程，指导邮政企业攻坚克难、加大投入、优化网络，最终在2019年8月提前1年完成建制村直接通邮的任务。至此，全国55.6万个建制村的村民足不出村，都可以收到邮件。截至2020年底，全国共有提供邮政普遍服务的邮政营业场所54087处。农村地区邮政普遍服务营业场所39916处，占比73.8%，开办四项法定业务（信件、包裹、印刷品和邮政汇兑）的共53920处，占99.69%。全国平均每一个邮政普遍服务营业场所服务半径为7.50公里，平均每一个邮政普遍服务营业场所服务人口为2.52万人，服务半径和服务人口保持稳定。

习近平总书记在全国脱贫攻坚总结表彰大会上特别指出："脱贫地区经济社会发展大踏步赶上来，整体面貌发生历史性巨变。……具备条件的乡镇和建制村全部通硬化路、通客车、通邮路。"[1] 2021年全国邮政普遍服务工作电视电话会议上指出，按照党中央的重要指示精神，2020年建制村直接通邮成果

---

[1] 习近平. 在全国脱贫攻坚总结表彰大会上的讲话[N]. 人民日报. 2021-02-26（2）.

进一步巩固，政企双方加大投入力度，重点解决西部、边疆和边远地区投递服务的稳定性，目前，周投递频次 3 次以下的建制村减少 6577 个，投递打卡率稳定保持在 98% 以上。全国县级城市党报当日见报率大幅提升，县及县以上城市党政机关《人民日报》当日见报率提升至 85%。畅通的邮路已成为名副其实的惠民路、致富路。

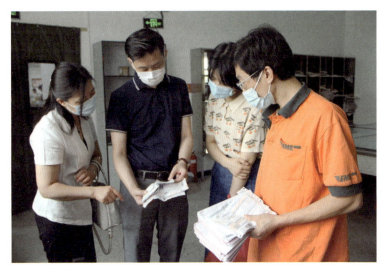

天津市邮政管理局党组书记、局长王东对乡镇投递场所及建制村通邮情况进行督导检查

三、"邮政在乡"的主要措施与成效

（一）实施"邮政在乡"的重要意义

党中央、国务院高度重视邮政快递业服务"三农"工作。党的十九大报告指出，农业农村农民问题是关系国计民生的根本性问题，必须始终把解决好"三农"问题作为全党工作的重中之重，实施乡村振兴战略。"邮政在乡"工程作为邮政

快递业贯彻落实党中央就"三农"工作作出的重大决策部署，助力决胜全面建成小康社会、全面建设社会主义现代化国家的重要途径，通过扩大网络覆盖、畅通寄递渠道、提升服务水平、创新服务模式等具体举措，积极构建农村电商发展生态圈，为产业扶贫提供重要支撑，为农民增产增收发挥积极作用。

（二）实施"邮政在乡"的主要措施

出台系列政策文件。为贯彻落实习近平总书记关于"三农"工作的重要论述，对标党中央国务院关于精准扶贫的总体要求，国家邮政局针对农村物流发展，出台系列文件推动"邮政在乡"工程。2016 年，国家邮政局印发《关于推动邮政业服务农村电子商务发展的指导意见》（国邮发〔2016〕105 号）。2017 年，国家邮政局联合商务部、公安部、交通运输部、供销合作总社，印发《城乡高效配送专项行动计划（2017—2020 年）》（商流通函〔2017〕917 号）。同年，协调交通运输部印发《关于加强交邮合作加快实现县级城市党报当日见报有关工作的通知》（交办运〔2017〕89 号），提出积极拓展交邮合作领域，努力实现县、乡、村三级农村客运、物流、邮政、快递服务体系融合发展。2019 年，联合交通运输部、工业和信息化部、公安部、生态环境部等 18 部门联合印发《交通运输部等十八部门关于认真落实习近平总书记重要指示　推动邮政业高质量发展的实施意见》（交政研发〔2019〕92 号），推动健全农村寄递网络。与国家发展改革委、财政部、农业农村部等 7 部门出台了《国家邮政局　国家发展改革委　财政部　农业农村部　商业部　文化和旅游部供销合作社关于推进邮政业服务乡村振兴的意见》（国邮发〔2019〕36号），强化对包括边境农村地区在内的基础设施和服务的政策保障。与交通运输部、中国邮政集团公司联合印发《关于深化交通运输与邮政快递融合 推进农村物流高质量发展的意见》（交运发〔2019〕107号），推动全面提高农村物流服务村级覆盖率。会同国家发展和改革委员会、商务部等多部门分别出台《关于推动物流高质量发展促进形成强大国内市场的意见》（发改经贸〔2019〕352号）《多渠道拓宽贫困地区农产品营销渠道实施方案》（商建函〔2019〕25号）等政策文件。2020年1月，全国邮政管理工作会议提出，要坚决打赢脱贫攻坚战。集中力量抓好邮政快递等基础设施建设，推进电子商务线上线下融合发展，助力农特产品走向全国。2020年6月，财政部办公厅、商务部办公厅、国务院扶贫办综合司联合印发《关于做好2020年电子商务进农村综合示范工作的通知》（财办建〔2020〕48号），支持完善县乡村三级物流配送体系，大力发展共同配送，整合邮政、供销、商贸、快递、交通等物流资源，在日用消费品、农资下乡基础上搭载电商快递，逐步推动商流物流统仓共配，提升物流效率，降低物流成本。2020年7月，商务部、国家邮政局、中国邮政集团有限公司联合印发合作框架协议，切实提升行业服务"三农"能力水平。

打造邮政综合服务平台。中国邮政依托乡镇邮政局所、村邮站、邮政"三农"服务站、邮乐购站点等农村邮政场所打造综合服务平台。中国邮政在部分贫困地区承接警邮、税邮、政邮等政府公共服务项目，发展农业生产资料、日用消费品、医药产品、中小学教材等连锁配送服务，叠加代投快递、代买代卖商品、代卖车票、代缴电费话费等综合便民服务，实现一站式全服务。邮政综合服务平台服务领域持续拓展延伸，加快邮政汇兑服务创新，积极参与"普惠金融"建设，利用多种方式参与"金融下乡"。2019年，警邮合作实现市级全覆盖，全国8924个邮政网点开办交管业务，比上年新增约6600个；全国17084个邮政网点开办代缴税款、代开发票业务，比上年新增3500个；政邮合作对接省级政务服务线上平台29个，实现市级政务大厅全覆盖，县级政务大厅对接率达92.5%。

黑龙江省伊春市邮政管理局为秋冷村村邮站揭牌

建设县乡村三级物流体系。"十三五"时期，为进一步推动邮政普遍服务网络下沉，保障全国人民的用邮权利，国家邮政局在"乡乡设所"的基础上继续推动农村网络下沉，通过优化配送线路、更新配送车辆、升级县级仓储中心处理设备、改造乡镇网点、新建村级站点等一系列举措，建成并不断完善农村地区三级物流体系。"十三五"期间，西部和农村地区邮政普遍服务基础设施建设项目总投资41.32亿元，其中中央预算内投资16.53亿元（占比40%），邮政企业投资24.79亿元。整修和翻建邮政普遍服务网点4963处，改造危旧县级业务用房296处，更新和新增邮运及投递车辆11222辆。国家累计建成各类农村邮政网点达10万处，累计建设县级电子商务服务中心和县级物流配送中心1000多个，乡村服务站点8万多个，"邮乐购"建设数量超过60万个。"邮乐购"站点配备信息化功能，连接线上平台，让农村居民享受到购物、销售、生活、金融、创业"五不出村"的便利。

2014—2019年邮乐购累计站点数（万个）

完善邮政服务农村电商机制。一是组织开展"一市一品"农特产品进城示范项目。"一市一品"农特产品进城项目是政企合力打造的邮政服务乡村振兴战略重要工程，是服务地方经济和精准扶贫的重要抓手，是邮政普遍服务创新的重要体现。"一市一品"项目开展过程中，中国邮政推出了"极速达"和"易邮箱"两类专属产品：前者服务时限要求高的品质类生鲜产品，依托航空和冷链优势，构建农产品24~48小时进城通道；后者是服务农产品进城的经济类快递产品，按箱计费。此外，中国邮政与农业农村部组建了农产品滞销帮扶中心和名优农产品孵化中心，前者运用大数据收集各地农产品市场需求、价格走势等动态信息，后者从源头上把控品质，孵化农产品品牌。

加速农产品上行。2020年，邮政企业共培育"一市一品"项目838个，带动农产品销售额81.1亿元，同比增长22.9%，其中帮助贫困户销售额为4亿元。带动邮政、EMS包裹业务量3.36亿件，同比增长68%。其中，带动农产品进城销售额超过1亿元的项目有7个、超过1000万元的项目达到111个。2020年，"一市一品"项目累计带动496个国家级贫困县开展农特产品上行，惠及贫困人口16.5万户。

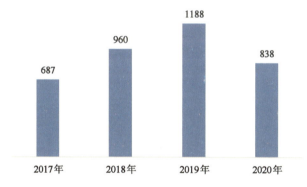

2017—2020年"一市一品"农特产品项目数（个）

2020年，"一市一品"项目带动农特产品进城交易额超过1亿元的省份达到22个，比2019年增加4个。前十名为广西、河北、陕西、福建、山东、江苏、甘肃、湖北、江西、河南，且全部超过3亿元，总和占全国的71.9%，其中广西接近13亿元。"一市一品"项目集中度进一步提升。

2020年，"一市一品"项目带动邮政、EMS寄递农产品业务量情况超过1000万件的有1个；超过200万件的有17个，比2019年增加4个；超过100万件的有41个，比2019年增加8个。前十名为广西柳州螺蛳粉、广西玉林百香果、河北沧州枣制品、福建泉州安溪茶叶、山西运城苹果、福建漳州蜜柚、福建宁德古田食用菌、陕西宝鸡猕猴桃、河北保定安国中药材、福建宁德霞浦海产品。随着规模逐渐扩大，集中度不断提高，"一市一品"项目基本形成了一套具有邮政特色的政府认可、百姓满意、企业受益、多方共赢的扶贫模式。

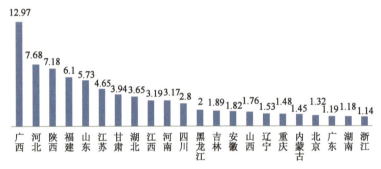

2020年支撑农产品进城交易额超过1亿元的省份（单位：亿元）

积极拓展农产品电商销售渠道。近年来，邮政企业电商渠道引流由单一的邮乐网，向直播、学习强国以及各类平台拓展，不断丰富引流渠道。2020年，邮政企业依托邮乐购站点和"邮乐小店" App 两大渠道，开展具有邮政特色的社区农产品团购模式，发力社区团购，促进产销精准对接。此外，邮政企业还积极寻找新的电商合作平台。2020年4月28日，邮乐网与学习强国联合推出"强国商城"点点通换购农产品服务。短短半个月，16个省份、26款商品上线"强国商城"，页面浏览量超过217万人次、总订单数超过9万单、总销售额超过340万元。吐鲁番市邮政企业充分利用网点在农村的"源头组货"优势，在线上平台拼多多开设店铺，将吐鲁番"西州蜜25号"引流至线上，实现销售额69.4万元。

打造产运销一体化农村电商物流服务体系。自2014年开展农村电子商务业务以来，中国邮政摸索出一套独特的农村电子商务运营模式，即线上基于邮乐网和邮掌柜系统，线下依托邮政农村窗口资源、农村邮乐店等实体渠道，打造一个集"网络代购+平台批销+农产品返城+公共服务+普惠金融"于一体的邮政农村电子商务服务体系，为农村用户提供购物不出村、销售不出村、生活不出村、金融不出村、创业不出村的"五不出村"服务。邮政管理部门不断鼓励邮政企业与交通运输企业、农业生产企业、商超、电商、农产品经销商等跨行业联营合作或组建产业联盟，以电子商务平台及商贸流通企业为载体，以物流运输为纽带，建立"种植基地+生产加工+商贸流通+物流运输+邮政金融服务"一体化的供应链体系。株洲市邮政企业针对主产区、县城主集散地、电商主发货地三个关键区域，布设135个社会合作代收点，全面实现收寄端前置。产、运、销一体化的农村物流服务，有利于畅通农产品产销衔接机制，支撑农村地区经济发展。

加快科技应用助力农特产品项目发展。各级邮政管理部门鼓励邮政企业应用生鲜冷链、智能仓储设施、大数据等技术农业，打造农业产业园、现代农业示范区、农产品加工园，推动建设一批现代化农特产品物流集散中心。2018年底，聊城市邮政分公司打造"邮农场"智慧农业平台，通过线上将大数据、遥感技术、农技专家、农资厂商与农技服务相融合，为广大农民提供"科技服务+托管服务+套餐服务"。经过一年半的发展，目前"邮农场"已经拓展到 666 万平方米。2020 年 3 月，聊城市邮政分公司在冠县定远寨镇举行植保无人机飞防启动仪式，展示了高效的飞防作业场景。经测产，示范田亩❶均增产 40～75 千克。此外，邮政企业积极在农产品产地和部分田头市场建设预冷、保鲜等初加工冷链设施，逐步建立覆盖农产品生产、加工、运输、储存、销售等环节的物流体系。四川省邮政公司出资 1200 万元，在盐源县建成了气调保鲜库，是四川省内为数不多的生鲜仓储设施。气调保鲜库可以使盐源苹果储存周期从 3 个月延长至 8 个月，实现错峰销售，提升附加值。

利用金融手段有效支撑农业经营主体壮大。邮政服务乡村振兴战略，不仅是为了发展农村电商，更是为了通过解决农业经营主体融资难、流通难的问题，实现商流、物流、资金流的"三流合一"，实现电商—寄递—金融的协同，从而真正惠农助农。截至 2020 年 6 月底，邮政储蓄银行发放涉农贷款达到 1.35 万亿元，邮政金融精准扶贫贷款达到 902 亿元，为支持"三农"作出了重大贡献。株洲邮政联合邮储银行湖南省株洲市分行为黄桃产业链各环节参与企业提供"黄桃贷""掌柜贷"等各类金融贷款。3 年来，株洲市邮政累计发放各类贷款 1 亿元，累计销售黄桃逾 1000 万元，收寄黄桃 153 万件，全面发挥电商、寄递和金融协同发展优势。

---

❶ 1 亩 = 666.6667 平方米。

（三）实施"邮政在乡"的主要成效

品牌规模和影响进一步扩大。通过"一市一品"项目品牌塑造，带动包裹量和农产品进城数量逐年增加。各地邮政企业因地制宜，在帮扶农产品销售的过程中，进一步强化了邮政服务影响力。例如，山西省大同市邮政管理局引导企业将黄花菜产业作为全市"一市一品"重点培养项目，通过进驻黄花菜生产基地和加工企业提供专项定制服务等方式，包括黄花菜上门取件、免费打包等服务，全力做好"邮政快递＋黄花菜"项目。2020年订单量超20万件，支撑农产品网上销售额近500万元。通过电商和寄递两条腿走路，邮政企业在农产品销售、精准扶贫方面的影响力进一步增强。有困难，找邮政，已经成为很多农民的共识。

山西省大同市云州区邮政分公司每日为农产品公司提供黄花菜上门取件、免费打包服务

农民参与感进一步增强。"邮政+电商+合作社+农户"是邮政快递业参与农村电商的重要模式,该模式主要通过"订单收购+合作社分红+务工工资"方式引导农民参与其中。农民土地产值增加,且可以获得与外出务工相当或高于外出务工的工资收入,极大地提高了积极性。同时,邮政企业指导其通过微商、直播平台进行销售,成为新兴农产品集散商,部分农民或农民团体的年销售量甚至超过5万千克。以往,农民需要翻山越岭、肩挑手扛将农产品运进城,且价格不高。借助手机,农民足不出户,就能将农产品卖得又快又好。

例如,河南新乡卫辉市罗圈村小米滞销,邮政企业从实地取景拍摄到产品策划包装,再到后期图文视频制作,以及各类渠道宣传推广,均安排专业策划团队跟进,两个月便销售小米1.5万千克。甘肃省天水市邮政分公司除了帮助果农线上推广、线下寄递一条龙服务外,还提升果农电商营销技巧,鼓励果农外出务工子女开微店。

湖南省衡阳市邮政管理局开展直播助农活动

第三章 邮政快递业助力脱贫攻坚的主要措施与成效

湖北省竹山县邮政员工到田间地头帮农民采摘桃子

与电商和食品加工企业联系进一步紧密。邮政企业在帮助农产品外销的同时，越来越深刻地认识到依托当地大型电商、食品加工企业，能更好地实现品牌效应和规模效应，既增强销售能力，又能依靠规模效应降低寄递成本。因此，邮政企业积极扶持当地电商和食品加工企业，帮助其做强做大。这种与企业合作的模式，既包括直接对接企业，也包括为农民和企业搭建平台。

寄递服务能力进一步提升。在服务农产品上行、消费品下行的过程中，邮政企业的寄递能力有了大幅度提高。各地邮政企业为了提高寄递时效，更是开通多种"绿色通道"。例如，内蒙古区商都县邮政分公司将某企业采购、分销的农产品从仓库运至邮政分公司院内，动员全体职工打包贴单；协调开通专线邮路，安排专车直接从商都县发往北京邮区中心局进行中转，缩短寄递时限。

内蒙古自治区邮政管理局党组书记、局长钟奇志赴帮扶村乌兰察布市化德县七号镇达拉盖村开展帮扶调研

O2O销售能力进一步拓展。线下展示、线上销售已经成为邮政企业销售农产品的重要方式,即在门店内进行预售,然后根据订货量等数据向农民进行采购,最后再通过邮车运回门店。这样既能有效盘活农产品的销售,实现从"寄包裹"到"造包裹"的转变,同时避免大量库存,增强O2O销售能力的灵活性。例如,重庆市巴南区邮政分公司在门店内展示贫困村生产的水果、蔬菜实物以及鸡、鸭图片,接受消费者预定,并于每周一、三、五定时从贫困村运回。黑龙江省宁安市邮政分公司利用"线上推广+社区团购"的方式,仅用5天时间,就将渤海石板大米打造成黑龙江省首个销量突破万单的农产品。

"邮政在乡"工程的一系列举措,提升了农村邮政网络的利用效率,完善农村地区的物流配送体系,优化配送线路、更新配送车辆、升级县级仓储中心处理设备、改造乡镇网点、新建村级站点等措施,不断服务国家乡村振兴战略和精准扶贫战略,对农产品上行进行了重要支撑,也体现了农村电子商务与寄递渠道协同发展的新局面。

海南省邮政管理局党组书记、局长丰圣少到昌江县十月田镇指导邮政快递企业助力滞销农产品销售

云南省邮车上山为松茸客户提供收寄服务

四、"快递下乡"的主要措施与成效

(一)实施"快递下乡"的重要意义

全行业全面落实以人民为中心的发展思想,抓住人民群众最关心最直接最现实的利益问题,推动解决好农民就业、农业现代化和农村繁荣等关键问题,不断增强人民群众的获得感、幸福感和安全感,快递已经成为继衣食住行之后的又一基本生活需求。一是"快递下乡"扶贫是产业扶贫的重要基础。"快递下乡"畅通了贫困地区农产品进城和工业品下乡的双向流通渠道,将贫困地区纳入全国统一市场建设范畴,推动贫困地区产业化经营,形成政府引导、市场主导、企业参与、贫困户响应等多方共同参与、相互促进的脱贫工作机制,增强脱贫的内生动力。二是推动快递高质量发展的必然要求。农民向往美好生活,农业发展潜力巨大,农特产品需求激增,农村地区大有可为,为推进快递高质量发展提供了重大机遇。通过"快递下乡",解决存在的突出问题,努力实现行业更高质量、更有效率、更加公平和更可持续的发展。三是建设与小康社会相适应的现代邮政快递业和现代化邮政强国的必由之路。全面建成小康社会和全面建设社会主义现代化强国,最艰巨最繁重的任务在农村,最广泛最深厚的基础在农村,最大的潜力和后劲也在农村。通过推进邮政快递业服务乡村振兴,将有效解决邮政快递业城乡发展不平衡不充分问题,有利于加快建成与小康社会相适应的现代邮政快递业和邮政强国建设。

(二) 实施"快递下乡"的主要措施

建网络,健全贫困地区农村快递物流网络覆盖,实现乡乡有网点,村村通快递。因地制宜,通过快快合作、快邮合作、快交合作、快商合作等多种方式延伸服务网络,实现聚合发展。完善贫困地区农村物流体系,加强特色优势农产品生产基地冷链设施、公共仓储等基础设施建设。中国邮政开放邮政服务网络设施,代投快件。部分邮政快递企业在贫困地区县域范围进行整合,健全运营体制机制,保障网络下沉和运营稳定。各地加大对贫困地区农村快递网络建设和农特产品的运输方面的支持力度,纳入鲜活农产品运输绿色通道。

天津市邮政管理局举行"邮快合作"签约仪式

拓功能,依托寄递服务网络叠加多元化服务,打造农村综合服务平台。推动邮政与快递、交通运输企业在农村地区拓展合作范围、合作领域和服务内容。整合地方邮政、快递、商贸、供销等资源和需求，发展共同配送。结合地方产业特色，以寄递服务为主业，拓展电商、仓储、零售、加工、冷链等功能，叠加代缴、代买等商业服务和政务公共服务，提供一站式解决方案。

顺丰快递员在湖州李家巷镇葡萄产业帮扶基地打包装箱

融产业，依托寄递渠道支撑产业向农村转移，实现全产业链、全环节融合。协同加强农村电商的培训，加大对农村就业创业的支撑，吸引人才回流。参与农特产品的孵化，加强区块链技术在农产品寄递领域应用，打造区域品牌，助力美丽乡村和特色小镇建设。引导产业布局，支撑城乡产业转移，推动城乡一体化发展。加大产业扶贫力度，多渠道拓宽农产品营销渠道，推动批发市场、电商企业、大型超市等市场主体与贫困村建立长期稳定的产销关系，支持供销、邮政及各类企业把服务网点延伸到贫困村，推广以购代捐的扶贫模式，组织开展贫困地区农产品定向直供直销学校、医院、机关食堂和交易市场活动。

（三）实施"快递下乡"的主要成效

推进"快递下乡"工程，大力发展农村电商、农超对接，供销、邮政、电商企业服务网点要加快向贫困地区覆盖，为贫困地区农产品出村进城创造条件。加快贫困地区储藏、保鲜、烘干、加工、冷链物流等配套设施建设，优化上市时间，延长产业链条，提升价值链，为农产品的销售创造更好条件。建设具备信息化功能的邮乐购站点，提升邮政服务农村电商能力。推动"快递下乡"工程换挡升级，打造一批年业务量超千万的"快递+"金牌项目和年业务量超百万的"快递+"银牌项目，进一步提升行业服务"三农"能力。推进农民就业创业扶持行动，依托邮政行业人才培养基地，采取定向和定岗等方式，加强农民快递职业技能培训。鼓励快递企业提供营运体系支持，帮扶员工返乡参与中西部乡村网点建设，发展乡村快递员队伍，促进农村人口创业就业。鼓励邮政快递企业为农民开展电商及快递培训，传授实务、培养技能、分享经验，提升农民网络营销能力，培育当地电商快递致富带头人。支持邮政快递企业采取组建农产品电商营销团队等形式，参与特色农产品项目孵化，服务产销对接，扩大农村就业。

截至2020年底，我国快递服务网点乡镇覆盖率已由2014年的50%提升至现在的98%，26个省（自治区、直辖市）实现了乡、镇快递网点全覆盖；农村地区快递网点超过3万个，公共取送点达6.3万个，农村地区揽收和投递快件量超过300亿件。全国4.2万个乡镇中，仅有不到1000个乡镇没有覆盖，全国 99% 以上的人们足不出乡就可便捷使用快递服务，实现了普惠发展。

2014—2020 年快递乡镇网点覆盖率

（四）实现从"快递下乡"向"快递进村"升级

"十三五"时期，随着农村快递需求快速增长，农村快递服务网络不断健全，为进一步加快农村尤其是贫困地区快递服务网络拓展，2020 年全国邮政管理工作会议提出实施"快递进村"工程。2020 年 4 月，国家邮政局印发了《快递进村三年行动方案（2020—2022 年）》（以下简称"《行动方案》"），按照因地制宜、分类推进的原则，采用"邮快合作""快快合作""驻村设点""交快合作""快商合作"及其他合作等多种方式推进快递进村，明确到 2022 年底符合条件的建制村基本实现"村村通快递"。中国快递协会联合 13 家快递物流和电商企业共同发出倡议积极响应和落实《行动方案》，同心协力推进"快递进村"。7 月国家邮政局办公室印发《关于开展"快递进村"试点工作的通知》，决定在河北、内蒙古、黑龙江、江苏、安徽、青海 6 个省（自治区）和太原、吉林、郴州等 15 个市（州）组织开展"快递进村"试点工作，形成可落地、可复制、可推广的农村快递发展经验，推动快递服务直投到村。到 2020

年底，村村通快递比例达到50%以上。快递服务网络持续下沉畅通贫困地区社会物品流通通道，人们可以便捷使用快递服务，快递服务已经成为贫困地区人们日常生产生活的重要组成部分。

青海省邮政管理局党组书记、局长赵群静调研海北州"快递进村"工程助力精准脱贫情况

"快递进村"具有现实必要，能够满足各方需求，是促进农村脱贫解困和产业融合、畅通城乡经济循环的基础支撑，是实施"乡村振兴"战略的重要基石，是实实在在的"德政工程""畅通工程""惠农工程""民生工程"，受重视，受支持，受热捧，受欢迎。受重视方面，全国各地都出台了一系列支持农村电商快递发展政策，10多个省份制订实施快递业"两进一出"工程的意见。受支持方面，多地政府将"快递"进村纳入地方"十四五"规划纲要，配套提供相应资金支持。受热捧方面，"快递进村"吸引了回乡投资创业，带动地方就业和产业

化发展。受欢迎方面,"快递进村"使网购成为农民生活的常态,成为农产品销售的重要渠道,成为农民就近就业创业的热点。从"快递下乡"到"快递进村",意味着快递逐渐成为农产品上行和工业品下行的重要渠道,在促进农业生产、加速农产品流通、推动农民消费方面发挥着基础性作用。

五、产业协同扶贫的主要措施与成效

产业扶贫是促进贫困地区发展、增加贫困农户收入的有效途径,是扶贫开发的战略重点和主要任务。产业扶贫作为"五个一批"工程中的第一项内容,在精准扶贫、精准脱贫中发挥着非常重要作用,通过产业扶贫可以变"输血"式扶贫为"造血"式扶贫、变"开发式"扶贫为"参与式"扶贫,增强贫困地区内生发展动力,提高贫困人口的自主脱贫能力。

吉安顺丰快递小哥深入到井冈山黄桃主产区基地为农户提供收寄服务

（一）实施产业协同扶贫的意义与作用

贫困地区大多位于中西部、边境、少数民族等地区，产业特色明显，但长期以来，受交通闭塞、网络不便、服务加工滞后等因素制约，产业基础薄弱，现代农业发展缓慢，产品未实现规模化、品牌化发展，供给能力相对较弱，"运不出、卖不掉、价不高"是许多贫困地区农产品在销售环节上的共同烦恼。邮政快递业作为现代服务业的代表，在协同一、二、三产，联通生产消费，畅通经济循环等方面具有突出优势，习近平总书记在河南光山县调研时指出："要积极发展农村电子商务和快递业务，拓宽农产品销售渠道，增加农民收入"。[1] 加快推动产业协同扶贫，成为邮政快递业助力脱贫攻坚的重要抓手。

通过邮政快递业与现代农业、农村电商协同发展，可以有效调整贫困地区农业生产结构，拓展农产品销售渠道，扩大农产品市场，帮助农民有效应对季节性、周期性因素对农产品销售造成的不利影响，提升贫困地区整体经济水平，推动更多贫困人口实现就近就业，实现稳定脱贫，确保如期实现全面建成小康社会目标。

邮政快递业实施产业协同扶贫更有利于扶贫资源的整合。产业协同背景下，邮政快递业可充分发挥渠道优势、网络优势，促进信息流、商流、资金流加速向贫困地区聚集，促进现代农业、农村电子商务等相关产业的技术、信息、资本、土地、劳

---

[1] 习近平. 坚定信心埋头苦干奋勇争先 谱写新时代中原更加出彩的绚丽篇章［N］. 人民日报. 2019-09-19（1）.

动等要素能更有效地投入扶贫产业，实现农业产业健康发展，同时通过邮政快递业联结上下游产业、增强供应链黏性的优势，强化扶贫主体与贫困户的合作关系，建立更加稳定的供需关系。邮政快递业实施产业协同更能增强扶贫内生动力。近年来邮政快递业通过培育"一地一品""一市一品""快递＋金牌项目"等项目，良好推动与现代农业协同发展，助力贫困地区特色产品形成特色品牌、区域品牌，甚至区域名片，将"特色"转变为市场优势、经济优势，激发贫困地区经济增长动力；邮政快递业实施产业协同更有利于促进科学分工。协同发展的核心要义，就是着眼于共同使命、立足于个性差异。邮政快递业产业协同发展，能为贫困地区的农民带来持续稳定的销路与订单，使农民可以更加关注农业生产本身，专注于提升农产品自身质量，使第一产业与第三产业有机结合，合理分工，发挥自身优势，实现多赢。

国家邮政局投资建设的惠民食用菌标准化扶贫示范园区

（二）邮政快递业实施产业协同扶贫的主要措施

在推动邮政快递业产业协同扶贫过程中，要注重通过产业协同实现农业产业结构的调整和优化，转变贫困地区经济增长方式，实现经济的可持续发展。

构建协同机制。一是推动邮政快递业与电商协同发展。一方面邮政快递业利用邮政快递企业自建电商的优势，加速推动寄递服务与线上销售一体发展。另一方面，加大与农村电商平台协同力度，通过推动在农村电商设立地方特色馆、特色产品专区等方式，深化与农村电商协同合作。加强与电子商务进农村综合示范工程、淘宝村等项目合作，与贫困地区农村电商、微商商户构建合作关系，实现农产品网络直销。二是推动邮政快递业与农业协同发展。邮政快递业通过"一市一品""一地一品""快递金牌项目"等方式，推动贫困地区农产品实现品牌化、规模化发展。

贵州省邮政管理局党组书记、局长陈向东带领全省邮政快递企业负责人到遵义市绥阳县推进脱贫攻坚产业对接工作

创新精准扶贫模式。在服务模式方面，邮政快递业共探索出四种服务模式，一是驻村设点服务，在农特产品集中供应期，邮政快递企业通过在村镇内部开设定期揽收点，为贫困地区农户提供农特产品揽收上门服务，该模式下可实现零散农户农产品销售、寄递需求，为贫困户个别发展提供有效助力。二是农特产品快件集中收寄，为适应部分贫困地区兴建农特产品产业集中区的建设要求，邮政快递企业通过与贫困地区生产大户、农民合作社等新型农业经营主体合作，将快件分散收寄改为集中揽收，增强服务实效，加快产品进城。在该模式下，可以有效促进农村合作社等新型经营主体发展壮大，增强贫困群众加入合作社的内在意愿，促进贫困地区农产品规模化发展。三是农特产品直配专线服务，针对部分贫困地区面临杨梅、樱桃等生鲜产品不易保存、不便运输的困境，邮政快递企业通过构建直销网络、快递专网等方式，通过全程冷链、冷链仓前置、陆铁空联运等手段，为贫困地区农产品提供从产地到消费者餐桌的专线服务。在该模式下，可大幅提升农特产品配送实效，有效避免生鲜损毁，帮助农产品由产地销售拓展为全国销售，进一步扩大贫困地区农产品需求。四是供应链管理服务，为有效解决贫困地区农产品加工、包装等服务短板，邮政快递企业不断延伸产业链条，为贫困群众提供集包装、销售、运输等于一体的综合服务，同时对于部分高附加值农特产品，通过专门定制服务解决方案的方式，专门团队独立运营，与贫困地区农特产品供应链深度融合，提供一体化、全方面、立体式的供应链管理服务。

第三章 邮政快递业助力脱贫攻坚的主要措施与成效

重庆市邮政管理局党组书记、局长周向东在奉节县调研脐橙电商寄递产业协同发展情况

海南顺丰专机落送荔枝

加大科技扶贫手段应用。为有效改变贫困地区邮政快递业主要依靠人力的落后服务方式，提升服务效率与服务水平，邮政快递业在扶贫中不断增强科技手段应用力度，以新技术促进贫困地区实现新发展。在运输方面，将无人机与寄递服务相结合。贫困地区多处深山、高原等特殊环境，交通极为不便，由于人口分布较广、物流密度低，以人力方式运输物品既不便捷，

且性价比较低，同时马班邮路、溜索邮路等特殊邮路也对投递员的生命安全造成一定威胁。为更好为贫困地区提供邮政服务，邮政快递业大力推动无人机寄递新方式，以智能化、自动化运输，有效解决偏远贫困地区投递难题，大幅降低配送成本，配送效率从几个小时缩短至几分钟，提升明显。在包装方面，运用新型包装助力农产品运输。贫困地区的农特产品以生鲜果蔬为主，许多产品保鲜期短，难以实现长距离运输。为解决运输痛点，邮政快递业积极创新包装方式，通过拓扑技术对珍珠棉填充物进行技术优化，满足生鲜隔离包装要求的同时，节省50%的包装材料，实现经济与环保效益双提升。通过"费列罗"式创新设计，将生鲜单独包装，避免运输途中碰撞、震荡对生鲜造成的损害，降低贫困地区农户销售收入的损失。

（三）实施产业协同扶贫的主要成效

支撑贫困地区农村电商的迅猛发展。农村地区消费基础环境持续改善，消费从线下走向线上消费的比例逐步提升，农产品从线下向线上销售的比例提升。互联网和智能手机的进一步普及，截至2020年12月，我国农村网民规模为3.09亿人，占网民整体的31.3%，较2018年底增加近8000万人。农村地区互联网普及率为55.9%，较2018年底提升17.5个百分点❶。手机更新换代速度加快，农村智能手机比例明显提升，信息鸿沟明显缩小。邮政在乡和快递下乡进村畅通了城乡双向流通渠道，把农村巨大的需求潜力转化为现实消费。农村电子商务的

---

❶ 数据来自《第47次中国互联网络发展状况统计报告》。

兴起特别是社交电商的爆发,加速了线上对线下的替代。通过农村电商,农村消费者同样的价格可以购买到与城市同质的产品,农村消费已经从以前的"有没有"向现在的"好不好"转变,部分农村消费者从满足基本需求向享受型消费升级,农村消费结构持续优化。随着农村市场潜力释放,农村电商加快发展,阿里巴巴、京东、苏宁等电商平台加速网络下沉,中国邮政、供销、快递企业纷纷成立了电商平台,拼多多、云集、贝贝网等电商平台成立兴起,以及抖音、快手等直播电商的火爆,带动了农村电商市场的井喷式发展。2019年,农村网络零售额达1.7万亿元,较2014年增长了8.4倍。其中,农产品网络零售额达到3975亿元,同比增长27%,带动300多万贫困农民增收。全国832个贫困县网络零售额达1076.1亿元,同比增长31.2%,增速高于全国平均增速。

湖南省湘西州花垣县邮政员工协助十八洞村村民打包猕猴桃

推动销售模式变革。邮政快递企业积极响应国家号召,加强助农富农支撑力度,依托电商平台和自建电商渠道畅通贫困地区农产品销售渠道,确保贫困地区农产品产得出卖得出、产得好卖得好。2019年,中国邮政培育"一市一品"项目712个,通过项目配送农特产品进城49万吨,同比增长66%,实现交易额66亿元,同比增长39%,产生邮政包裹业务量达2亿件,同比增长35.3%,帮助8.6万户贫困人口增收2.6亿元,平均每户增收3000余元。"中国邮政农村电商、助力精准扶贫"入选国务院扶贫办典型案例。

推动农产品流通方式转型。贫困地区农产品销售模式多为自销,除满足自身生活需要外,将富余部分就近销售,集市是主要的销售场景。在传统销售模式下,农产品主要采用经销模式,由采购商来收购后,由经销商代为销售,专业市场和超市是主要的销售场景。邮政快递网络进入以后,实现生产与销售直接对接,销售模式由线下加速向线上转移,流通方式也由传统物流向邮政快递渠道分流。流通链条缩短,销售范围更广,通过邮政快递渠道可以将产品销往全国,销售市场由此前的区域集市和市场变成全国市场。流通效率更高,此前销售环节较长,中间多次装卸,而邮政快递渠道实现生产者与消费者无缝衔接,流通环节明显缩短,流通效率显著提高,流通成本得到有效控制。贫困地区的农民将产品以更高的价格销售,消费者以更低的价格购买到所需产品,同时也为扶贫事业贡献了力量,参与者均得到实实在在的利益,实现了共赢。贫困地区邮政快递使用比例逐步增加,已经成为农产品流通的主要渠道。

带动贫困地区农村产业化发展。《中共中央 国务院关于坚持农业农村优先发展做好"三农"工作的若干意见》提出,"发展壮大乡村产业,拓宽农民增收渠道""实施'互联网+'农产品出村进城工程"。邮政快递企业大力推广"邮政快递+农村电商+合作社+农户"模式,积极参与"一地一品"示范工程实施,助推贫困地区"农字号"特色小镇建设,促进形成一乡一业、一村一品的发展格局。加强农商互联,推广"农产品+大同城寄递"业务模式,开展农超、农社、农企、农校等产销直接对接,就近销售寄递本地农产品,发展订单农业和旅游观光农业。

中国邮政扶贫车辆在农村行驶

通过大力推动邮政快递业产业协同扶贫,截至2019年,共建设邮政自营电商邮乐购站点53.8万个,邮政线上平台开设扶贫地方馆729个,实现了对全国832个国家级贫困县的全覆盖,全年销售农副产品33.2亿元。2020年,"一市一品"示范项目规模与品类不断扩大,"一地一品"业务量达43.4亿件,业务收入达355.6亿元,带动农产品销售额3652.5亿元。邮政快递企业抓住本地农产品"上行"特点,培育出业务量突破千万件的快递服务现代农业金牌项目60个、超百万件项目260个,在贫困县培育出年件量超10万件项目259个。全年快递服务农业总产值达6425.6亿元,支撑农村电商销售额达5144.9亿元,带动贫困人口增收190.2亿元。邮政快递业产业协同扶贫大幅推动了贫困地区订单农业的发展,对调整当地产业结构,充分调动贫困户主观能动性等方面起到积极作用,真正使贫困群众变被动扶贫为主动脱贫,变"输血式"扶贫为"造血式"扶贫,共帮助近百万贫困群众脱贫,形成了良好扶贫格局。

表1　2020年全国快递服务现代农业金牌项目名单

序号	省份	地市	农产品品名	序号	省份	地市	农产品品名
1	江苏	宿迁	沭阳花木	9	山西	运城	苹果
2	安徽	亳州	花草茶	10	江西	赣州	脐橙
3	广西	柳州	螺蛳粉	11	云南	昆明	花卉
4	黑龙江	哈尔滨	大米	12	陕西	咸阳	苹果
5	四川	成都	柑橘	13	广西	玉林	百香果
6	山东	日照	海产品	14	江苏	徐州	花木
7	福建	泉州	茶叶	15	山东	枣庄	杂粮
8	四川	攀枝花	芒果	16	江苏	泰州	姜粉、蒜粉等调味料

续上表

序号	省份	地市	农产品品名	序号	省份	地市	农产品品名
17	江苏	连云港	海鲜	39	福建	漳州	蜜柚
18	陕西	西安	猕猴桃	40	河北	保定	花茶
19	广西	南宁	武鸣沃柑	41	湖北	宜昌	秭归脐橙
20	山东	青岛	海鲜	42	河南	开封	大蒜
21	河北	沧州	枣制品	43	安徽	六安	茶叶
22	四川	眉山	柑橘	44	广东	梅州	金柚
23	山东	临沂	沂蒙蜜桃	45	山东	烟台	大樱桃
24	陕西	宝鸡	猕猴桃	46	福建	漳州	地瓜
25	山东	潍坊	寿光蔬菜	47	河北	保定	麻山药
26	广东	茂名	荔枝	48	江西	宜春	竹木产品
27	山东	烟台	苹果	49	福建	南平	武夷岩茶
28	山东	德州	扒鸡	50	浙江	丽水	茶叶
29	山东	菏泽	牡丹花卉	51	重庆	重庆	奉节脐橙
30	福建	漳州	花木	52	河北	张家口	鲜食玉米
31	山东	济宁	大蒜	53	陕西	延安	苹果
32	福建	宁德	古田食用菌	54	河北	保定	中药材
33	湖北	黄冈	蕲艾	55	河北	沧州	杂粮
34	江苏	连云港	紫菜	56	辽宁	大连	海鲜
35	广西	北海	海鸭蛋	57	安徽	宿州	砀山酥梨
36	四川	资阳	安岳柠檬	58	四川	南充	柑橘
37	山东	潍坊	羊角蜜	59	安徽	黄山	茶叶
38	山东	滨州	冬枣	60	湖北	襄阳	鸭蛋制品

注：按2020年快递业务量大小排序。

山东省沂源邮政将网点开进田间,助力直播销售

六、就业培训扶贫的主要措施与成效

在脱贫攻坚推进过程中,促进贫困人口就业增收,是打赢脱贫攻坚战的重要内容。邮政快递业在扶贫过程中充分发挥服务业优势,大力开展"扶智扶志"行动,将提升贫困地区劳动力就业技能,拓展青壮年劳动力渠道作为扶贫工作重点,多措并举有效阻止贫困现象代际传递。邮政快递业每年新增就业在20万以上,大部分来自农村地区,也有不少来自贫困地区,一人就业全家脱贫的情况屡见不鲜。不少贫困地区邮政快递从业人员返乡创业,带动周边人员就业创业,成为贫困地区创新创业的热地和高地。

(一)帮助贫困群众就业创业

邮政快递业劳动力密集特征明显,一线从业人员需求大,为此邮政快递业通过建立就业扶贫基地、定向招聘等方式,面向贫困地区扩大招聘力度。通过合伙人计划、伙伴计划等方式，推动从业人员返乡创业，将行业先进经验，传递给贫困地区更多群众，带动贫困群众一起实现就业脱贫。

河北省保定市邮政管理局参与"扶贫·扶志"专题教育培训会

邮政快递企业通过组建农产品电商营销团队等形式，参与贫困地区特色农产品项目孵化，服务产销对接，扩大农村就业。农户可以根据自身情况，全职或兼职参与农村邮政快递网点的包裹分拣、保管以及配送工作，增加收入来源。不少快递企业工资高于当地平均水平，吸引了大批打工者"回流"，形成了一人就业让全家脱困的良好局面。贵州省邮政快递业5万从业人员中，一半以上来自当地农村。黔西南州邮政（快递）分拣转运中心对贫困人员等进行免费培训，实现培训一人、就业一个、脱贫一户。黔西南、六盘水等邮政企业则聘请贫困户为边远村投递，投递和脱贫难题均得以解决。2020年，邮政快递业为贫困地区新增就业岗位15万个。在新冠肺炎疫情期间，邮政快递企业更是开放 10 多万个就业岗位，并向贫困地区贫困群众倾斜，有效解决贫困群众就业难题。

邮政快递企业发挥行业网络和市场优势，支持家庭工场、手工作坊、乡村车间发展，助力贫困地区产业发展。邮政快递企业采取定向和定岗等方式，加强贫困地区农民快递职业技能培训，帮扶员工返乡创业，并提供营运体系支持。邮政快递企业支持贫困地区员工参与贫困地区网点建设，发展乡村快递员队伍，促进农村人口创业就业。

（二）增强职业技能培训力度

为有效提高贫困地区群众就业创业能力，邮政快递业将职业技能培训作为就业扶贫的重点工作，积极为贫困地区农民开展电商及快递培训，传授实务、培养技能、分享经验，提升农民网络营销能力。加大岗前培训力度，帮助贫困群众迅速适应岗位要求，实施多技能培训计划，给予贫困群众包括政策法规、

云南省曲靖市邮政管理局到陆良县三岔河镇大坝村开展苗木种植培训

安全生产、科技装备应用等综合培训，帮助贫困群众丰富职业技能，增强从业本领，为今后再次择业奠定良好基础。据不完全统计，2020年，邮政快递企业为农村提供各类职业培训4.6万次，培训农村人员195.3万人次，有效提升从业人员职业素质。

（三）加大教育扶贫力度

为切实改变贫困地区教育资源匮乏的现状，邮政快递业积极投入教育扶贫行列，通过捐资助学、修缮校舍、资助贫困学生等方式，将行业资源向教育领域倾斜，通过设立扶贫基金、开设助学项目、开办助学班级等方式，加大贫困地区教育投入力度。据不完全统计，邮政快递业在教育扶贫领域共投入资金近2亿元，投资新建、修缮学校1000余所，资助贫困学生3万余人。同时邮政快递企业还通过与高校合作方式，打通员工在职读书通道，帮助贫困职工圆大学梦。

广西壮族自治区桂林市邮政管理局与申通快递"申帮"在桂林市永福县永安乡喇嗒小学开展扶贫助学公益活动

西藏自治区邮政管理局帮助村民修建通信基站、多媒体电教室,组织开展技能培训

第四章 国家邮政局定点扶贫的主要措施与成效

2015年中央扶贫开发工作会议召开以来，国家邮政局党组深入贯彻习近平总书记关于扶贫工作的重要论述，始终把脱贫攻坚作为增强"四个意识"、坚定"四个自信"、做到"两个维护"的实际行动，发挥行业优势、凝聚各方力量，帮助河北省平泉市于2017年提前3年脱贫摘帽，先后选派5名干部挂职副市长或担任驻村第一书记，累计投入帮扶资金690余万元、引进帮扶资金9945万元、培训基层干部1031名、培训技术人员1288名、购买农产品87万元、帮助销售农产品6517万元，助力平泉市走上了高质量脱贫奔小康之路，较好地完成了党中央、国务院交给的定点扶贫政治任务。

一、坚持抓责任、强担当，不断扣紧脱贫攻坚链条

健全组织体系，成立扶贫工作领导小组，由党组书记、局长马军胜任组长，分管副局长杨春光任副组长，局机关和直属单位作为成员参加，定期研究脱贫攻坚重点工作。设立国家邮政局扶贫工作领导小组办公室负责脱贫攻坚工作的日常组织协调，层层压实政治责任。强化制度安排，建立定期会议、督导调研、工作周报等制度，实现"年初部署、周周报告、每月调

度、季度总结"的日常作战模式。选派优秀干部到定点扶贫一线挂职帮扶，落实扶贫干部待遇，加强日常管理，确保工作严实推进。强化监督落实，局党组成员结合日常工作调研，协同抓好扶贫督导，将扶贫工作成效纳入系统年度"大督查"重点内容，开展综合督查。2016年以来，共计召开10次领导小组会议研究扶贫工作，党组成员11次深入定点扶贫县考察调研督导。2020年，脱贫攻坚最后决战关头，党组成员戴应军、刘君、杨春光、赵民同志分别牵头成立4个督战工作组，对全系统定点帮扶的深度贫困地区6个村开展督战，投入帮扶资金100万元、实施精准帮扶项目7个，确保全系统定点帮扶无一掉队、150个村如期打赢脱贫攻坚收官之战。

国家邮政局召开专题会议，部署三大攻坚战

二、坚持抓产业、强增收，持续增强脱贫致富能力

创新产业发展模式，推进"寄递＋农村电商＋农特产品＋农户"的产业扶贫模式在平泉落地生根，协调京东集团等电商

平台与平泉市签订"电商扶贫战略协议",通过"邮乐购"、顺丰优选、中通商业等行业企业自建电商,构建起农产品上行通道。建设产业发展园区,投入资金50万元、带动社会资金550万元打造"惠民食用菌标准化扶贫示范园区",累计产值1600万元,带动贫困户实现"零距离、零风险、零投入"就业,每年为村集体增收5万元,实现村集体收入"零"的突破。投入60万元建设食用菌烘干及小包装扶贫车间,带动300余户贫困户从事生产经营,实现稳定脱贫。培养产业发展人才队伍,支持承德市建设"河北省邮政行业人才培训基地",邀请专家学者以及邮政、阿里、京东等企业举办电商、快递业务和直播带货等培训,累计培训基层干部和技术人员2318名,带动78人开通淘宝达人或村淘主播账号,建档立卡贫困人口250余人到快递行业就业、月均收入4000元以上,实现了"一人就业、全家脱贫"。

国家邮政局投资建设惠民食用菌标准化扶贫示范园区

面向哈叭气村农户开展电子商务培训

三、坚持抓保障、强支撑，持续提升脱贫攻坚质效

补齐"三保障"短板，先后投入200余万元，扎实有序推进"控辍保学""危房改造""饮水安全"三项工程，资助300名中小学建档立卡贫困学生和50名高中优秀毕业生顺利就学，为34户贫困群众修建新屋，解决5个村300余户1000余贫困群众的饮水安全。吸引行业龙头企业捐助900万元，在平泉市兴建学校、扩建医院，直接惠及贫困群众13.7万人。加强物流体系建设，协调中国邮政集团有限公司先后投入600余万元进行支局所改造、电商产业园建设，实现平泉市238个建制村"邮乐购"站点全覆盖。大力推进平泉市"快递下乡"，实现100%乡镇全覆盖，快递进村覆盖率达到75%。助力平泉华北物流园区建设，引导7家快递企业入驻运营。夯实高质量脱贫基础，注重交通先行，帮助平泉市协调项目资金9513.6万元，

推进乡村公路改造提升,改善贫困人口出行条件。

国家邮政局党组成员、副局长杨春光带队开展助学活动

国家邮政局投入帮扶资金15万元改善提升南五十家杨杖子小学校园环境

四、坚持抓平台、强合力,不断拓展深化大扶贫格局

搭建协作平台,协调中国快递协会发出倡议、行业6家企业自愿参与,筹集到扶贫资金1460万元,构筑起定点扶贫"资

金池",打造了"部门搭平台、协会做引导、企业献爱心"的定点扶贫新机制。汇聚涓涓细流,组织机关干部职工"扶贫济困"爱心捐款5.5万元,驻村第一书记联系家乡企业捐助89万元开展"暖心帮扶",直属单位克服疫情困难采购农特产品累计约90万元,行业企业通过消费扶贫购买农特产品达1000余万元,细流汇成大河润泽了平泉大地。讲好扶贫故事,安排发行"扶贫日"纪念邮票和"精准扶贫"专题邮票,将湖南省十八洞村、宁夏回族自治区闽宁镇等典型村印上邮票,向全国进行推广,扩大扶贫影响。《中国邮政快递报》开办"邮政快递业精准扶贫在路上"专栏,《快递》杂志利用"封面故事"等栏目,共组稿、编发相关新闻信息700余篇,多角度报道邮政快递业精准扶贫的举措与效果,形成了全行业全系统广泛参与、同心攻坚的浓厚氛围。

哈叭气村"一站多业"综合服务站

五、坚持抓党建、强基础，牢牢掌握脱贫攻坚主动权

开展党建共建，组织国家邮政局发展研究中心、北京邮电疗养院2个党总支先后与平泉市的平泉镇哈叭气村党支部"结对子"，定期开展党建交流，邀请专家学者进村宣讲中央精神，捐助图书3000余册，不断建强支部班子。强化资金支持，从局机关党费中下拨12.45万元支持驻村第一书记开展党建工作，从扶贫专项资金中安排10万元加强村委会建设，通过建强党建阵地、组织表彰奖励、开展慰问活动，使得哈叭气村党员干部精神面貌焕然一新。发挥引领作用，开展"脱贫攻坚党旗红"等系列活动，党支部利用定点帮扶的280余万元，先后实施了饮水安全工程、道路亮化工程、产业帮扶工程以及环境美化工程，村集体从以前零收入增长到每年25万元收入，从之前的落后村一跃成为平泉市数一数二的先进村。

国家邮政局党组书记、局长马军胜与一线扶贫干部在一起

国家邮政局帮扶建设的 LED 路灯

河北省平泉市哈叭气村党建扶贫文化墙

国家邮政局定点扶贫工作取得的成绩,得益于党中央、习近平总书记的英明决策,得益于国务院扶贫办、中央和国家机关工作委员会的悉心指导和帮助,得益于邮政管理系统各个基层党组织的苦干实干。结合定点扶贫工作实际,总结主要有三个方面的经验:一是始终深刻体悟、全面贯彻习近平总书记关于脱贫攻坚的重要论述精神和中央的决策部署,带着感情,真扶贫、扶真贫,真正把脱贫攻坚作为一项重大政治任务,抓在手上、摆在一线、落到项目。二是坚持"产业+项目"的脱贫模式,深入推进、久久为功,不断巩固和提升脱贫成效。三是构建行业、地方和一线团队的"三位一体"的攻坚格局,并且加大工作力度、持续务实推进,在脱贫攻坚战中无愧于"人民邮政为人民"的初心和使命。

第五章 邮政快递业助力脱贫攻坚的典型模式

邮政快递业坚持发挥行业责任担当，紧紧围绕服务"三农"，以促进乡村振兴、打赢脱贫攻坚战为目标，利用邮政快递企业领域优势，发展农村电商，开展工业品下乡、农产品进城服务，形成邮政管理系统、邮政企业、快递企业共同参与的多种扶贫模式，增加贫困农户收入，激活贫困地区发展动力，积极打造资源共享、信息互通、便利高效的农村物流发展新格局。

一、产业扶贫模式

产业扶贫是最直接、最有效的办法，也是增强贫困地区造血功能、帮助群众就地就近就业创业的长远之计。在邮政快递业脱贫攻坚战中，坚持把发展产业作为脱贫攻坚的根本之策，把培育产业作为推动脱贫攻坚的根本出路，增强"造血"能力，进一步夯实脱贫基础，提高脱贫成色，有力促进区域经济社会发展，带动群众持续稳定增收。

【案例1】 夷陵邮政管理局党建引领行业扶贫

基本情况：太平溪镇美人沱村紧邻长江，多年来一直以柑橘、茶叶为主导产业。美人沱村的柑橘种植品种多且杂，没有形成一村一品规模,经济效益比较低。夷陵邮政管理局自2018年开始结对帮扶美人沱村,根据美人沱村现实情况,制定出"党建强队伍、行业促发展"的独特帮扶模式,争取到柑橘品种改良、"三峡茶香桔都"等多个扶贫项目,使村民收入不断提高,村委班子战斗力显著提升。2018年美人沱村村委会书记望姝荣被评为全区优秀村支部书记,2019年美人沱村被评为全区文明村。

宜昌夷陵区太平溪镇通过快递销售柑橘

主要做法:自结对帮扶以来,夷陵邮政管理局与联系村开展以组织联建、党员联管、发展联谋、人才联育、治理联抓五个方面的党建共建活动。夷陵邮政管理局与美人沱村委会每年共同拟定工作计划,实行资源共享、优势互补。双方定期开展党建活动。2019年,夷陵邮政管理局组织美人沱村全体党员40余人先后赴上洋村、杨家河村、官庄村参观学习,学榜样,找差距，在实地学习中促进干部队伍深度融合。双方共同开展党员培训，不断提高党建水平，增强党建活力。定期谋划产业发展，扶贫工作队在进村入户深入调查的基础上，与村委会班子共同商定了"柑茶间作、产业兴村"的发展思路，依据移民后扶项目资金政策，争取了49万元的精品果园改造项目，对全村350亩[1]柑橘园进行品种改良。项目完工后，柑橘亩产达到2000千克，总产量达700吨，比种植常规柑橘品种增值50%，受益村民总人数达到1200余人。扶贫工作队在不断总结中寻找产业发展道路，提升党员干部能力，增加老百姓收入。凝合力，共发展，在互助互利的氛围中提高全体党员对党建工作的认识，增强基层党组织凝聚力、战斗力，坚定全体党员心向党、跟党走的决心，凝聚起干事创业、致富奔康的强大合力。

为增强贫困户"造血"功能，夷陵邮政管理局驻村工作队主动担当、积极作为，不断加强扶贫项目建设，做到高质量脱贫、可持续稳定脱贫。美人沱村由于地理位置偏远，加上柑橘品种有待改良，柑橘销售遇到了重重困难。夷陵邮政管理局利用自身行业优势，带领夷陵区最大水果供应电商实地专题办公，推动电商助力精准扶贫，将"快递+电商"与旺季柑橘销售相结合，走出了一条"销售能人上门收购、快递企业低价运输、电商大咖网上销售"的柑橘旺季销售独特之路，仅合作初期，便为美人沱村委会销售柑橘1.05万千克。新冠肺炎疫情暴发时，正值美人沱柑橘"中华红"上市，村民眼看着满树柑橘无

---

[1] 1亩=666.6667平方米。

销路，万分着急。夷陵邮政管理局多方筹措，联系电商企业、中通快递，共同为美人沱村委会销售"中华红"超2.5万千克，解决疫情期间柑橘销售难题。桥梁搭建后，村里后期成熟的10万多千克"中华红"也被电商企业销售一空。除此之外，夷陵邮政管理局积极搭好干事平台，经多方协调与联络，争取到"三峡茶香桔都"扶贫项目，共建田间柑橘运输轨道6条1800米、太阳能杀虫灯30个，维修田间作业道路4条，为老百姓带来了实实在在的福利。

主要贡献：通过基层党组织共联共建，村委班子战斗力不断增强。通过争取"柑橘品改""三峡茶香桔都""美丽乡村建设"项目，联系村柑橘品种得到改良，种植水平大幅提升，居民收入显著提升。通过"电商+快递+柑橘"销售模式，累计销售柑橘超过13.5万千克，解决销售旺季、疫情期间销路不畅难题。夷陵邮政管理局自对口帮扶美人沱村以来，主动担当、积极作为，扶贫成效显著，"党建+产业""电商+快递"的独特帮扶模式在全区打响了知名度。

【案例2】 产业脱贫"6+"模式

基本情况：眉县隶属陕西省宝鸡市，位于关中平原西部，地处秦岭主峰太白山下，行政区域横跨渭河两岸，地形地貌由南而北依次为山区、浅山丘陵区、黄土台塬区、渭北平原区，总体呈现"七河九原一面坡，六山一水三分田"。西距宝鸡市65公里，东距省会西安市120公里，东与周至县接壤，南和太白县毗邻，西连岐山县，北界扶风县，全县总面积863平方公里。眉县自然资源极其丰富，各类果树面积达约6667平方米以上，其中苹果、猕猴桃、蜜桃、油桃、草莓、板栗、核桃等干鲜杂果驰名省内外,但销路不畅通。针对这一情况,眉县快递协会联合县政府推广产业脱贫"6+"模式,针对县城的区域地理、气候特点,种植特色水果。随着电商快递的飞速发展,许多果农都学会了利用网络和快递销售猕猴桃,快递成了猕猴桃销售运输的主渠道之一。

主要做法:眉县围绕县域优势特色主导产业,通过"政府支持+主导产业+贫困户、龙头企业+专业合作社+贫困户、村党支部+互助组织+贫困户、技术团队+职业农民+贫困户、电子商务+帮扶干部+贫困户、集体经济+扶贫基地+贫困户"产业脱贫"6+"模式,将贫困村、贫困户融入产业发展布局,嵌入产业链条,让老百姓在猕猴桃的产业发展中得到实惠,实现脱贫致富。

陕西省邮政管理局党组书记、局长孙海伟调研眉县猕猴桃产业带动贫困户增收项目

主要贡献:宝鸡猕猴桃被评为全国20个千万级快递服务现

代农业金牌项目之一，有力助推农户创收。脱贫攻坚工作开展以来，眉县始终将产业扶贫作为"一号工程"来抓，依托猕猴桃产业优势，形成产业脱贫"6+"模式。评选当年，已与86个村级集体经济组织及3017户贫困户签订了帮扶协议，形成了具有眉县特色的产业脱贫模式。与此同时，通过电商的帮扶，全县7000多户建档立卡的贫困户中，有超过一半以上的贫困户实现了网销猕猴桃致富，900多名贫困人口实现了电商就业。

【案例3】 顺丰速运"全供应链解决方案+高科技服务"助力精准扶贫

基本情况：四川省甘孜藏族自治州是中国松茸四大产区之一，其下的雅江县素有"中国松茸之乡"的美称。但由于甘孜藏族自治州属于深度贫困地带且交通不便，物流不畅，农产品走出去存在较大问题。为助力精准脱贫和服务乡村振兴战略，顺丰速运多措并举，采用全供应链解决方案+高科技服务，让松茸走出大山，助农致富。

主要做法：一是加大网点延伸力度。顺丰速运将网点设进松茸原产地，提升县乡网点覆盖率。二是为松茸出山提速。顺丰速运投入百余架无人机参与松茸"第一公里"运输。无人机可直接搭载货物，从陆路不通的山村运往无人机场，单程仅需30分钟，与以往相比效率提升了4倍，改变了甘孜菌农"摸黑上山采松茸，下午背松茸下山，来回半天"的低效又危险局面。三是带动当地就业。顺丰速运在甘孜设立松茸预处理中心，招募当地村民190余人、大学生16人进入中心工作。四是推动甘孜松茸标准化建设，打造扶贫品牌。顺丰速运从松茸预处理环节入手，建立全供应链解决方案。通过大当家、顺丰优选、海淘及会员渠道为产品做品牌推广；借助甘孜境内的80多个旅游综合服务区，开辟产品展示与日常收件的场地；顺丰速运进驻到甘孜近20个县级城市打造"微型产业园"，解决各县在电商孵化、物流末端体系建设方面的难题。

主要贡献：顺丰速运充分发挥自身优势，整合产品品控、品牌营销、市场销售、物流运输等环节，打造全产业链解决方案，有效带动当地就业，助力农民增收。2019年，该项目产生近10493个订单，累计销售精品松茸近7.05吨，松茸销售额326万，有力地带动当地209户村民每户增收1900元。

人机运输，助松茸出山提速

【案例4】 兰州百合综合物流解决方案

基本情况：2020年9月，由中共兰州市七里河区委、七里河区人民政府联合阿里巴巴天猫共同举办的"阿里丰收购物节兰州百合天猫正宗原产地"新闻发布会在兰州举行，旨在通过电商平台帮助兰州百合更好地打开市场销售通道。

主要做法：百世快递与兰州市七里河区农业农村局签订物

流战略合作协议,正式落地百合助农战略,让更多的"兰州百合"走出大山,走上餐桌。百世快递为"兰州百合"提供了综合物流解决方案。首先,百世快递"鲜果件"通过专用面单、优先操作、中转、整车直发等举措,保障百合品质在集散、在途、配送时不受影响;其次,根据百世快递实际仓位数据汇总,每天对快递快运干线班车进行双网融合,丰富线路的多样性;第三,在操作场地方面,扩大兰州转运中心操作场地,上线自动流水线,增加一线操作员编制,白夜两个班组进行操作,全力提升兰州百合等相关农产品从产地到餐桌的运输效率。

百世快递甘肃分公司与七里河区农业农村局签订《兰州百合助农战略合作协议》

主要贡献:百世快递通过"兰州百合"综合物流解决方案,有效解决百合销售中运不出、卖不掉、价不高等原有销售问题。以专业化的包装设计及高效的运输效率,大幅提升兰州百合产品的附加值与市场竞争力，助力"兰州百合"走上发展快车道。在百合生产、原料分拣、货物搬运、种植采收等多方面解决了短期用工等就业问题，推动百合产区标准化种植规模的扩大，实现增长与增收双赢，为精准扶贫和乡村振兴作出贡献。

二、电商扶贫模式

电商扶贫模式是运用电子商务形式，帮助贫困地区的产品尤其是农产品打开销路、创立品牌，兴建基础设施，进行人才培养等。它利用互联网技术帮助农货出山、出村，丰富了城里人的餐桌，也促进了农民增收、农业转型升级。商务部下发指导意见，要求抓好电商和产业扶贫，包括抓好产销对接扶贫，引导农产品流通企业与贫困地区开展长期稳定的产销合作、提高农产品电商化水平、开展形式多样的农产品品牌推介洽谈活动等。

【案例1】 产业链重塑 海鸭蛋出海

基本情况：合浦县位于广西壮族自治区南端，北部湾东北岸。独特的自然条件，让这里的鸭蛋个头大，味道好，营养价值高。长期以来，养殖户只是在农贸市场零散售卖海鸭蛋，或者把鸭蛋送到加工厂。加工生产的烤海鸭蛋，经过层层代理商、零售商才能到达消费者手中，流通链条长，成本高，且销量不佳。虽然背靠着优质土特产，但本地养殖户不仅赚不了多少钱，甚至不敢大规模养殖鸭子。

第五章 邮政快递业助力脱贫攻坚的典型模式

广西壮族自治区合浦海鸭蛋打包寄递作业场景

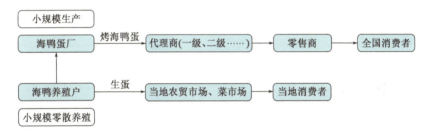

传统海鸭蛋流通链条

主要做法：2019年初，百世快递以站点为中心，建立农业服务中心，整合产业链上下游资源，推动农产品产业链转型升级。百世快递合浦的加盟网点规划上万平方米场地，与当地工厂一起建设海鸭蛋生产销售企业。百世快递通过吸纳当地农户、合作社与电商企业等，整合调配资源，提供从筛选、仓储包装到销售发运的一站式服务。经产业链重塑，海鸭蛋厂除了传统的线下销售渠道，还新增了线上销售渠道。大部分加工生产好的海鸭蛋会放在线上平台销售，通过快递物流，从产地直发到全国。依托于百世快递网络，海鸭蛋流通链路的"最初一公里"与"最后一公里"直连，流通成本得以下降。同时，海鸭蛋厂为保证源头的供应量，会从养殖户保价保量收购，进而推动海鸭养殖户进行规模化、标准化的养殖。此外，部分生蛋也可以实现线上销售。因此，海鸭蛋产业链经过重塑后，工厂、养殖户均实现了收入的增加，同时带动快递业务量的增加，整个系统形成良性循环。

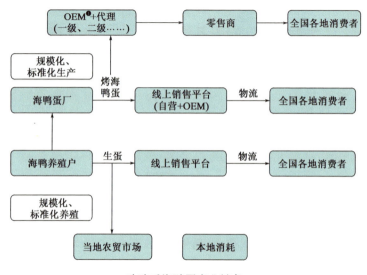

改造后海鸭蛋产业链条

主要贡献：百世快递基于自有平台，引进第三方电商平台以及微商、直播等新兴销售模式，帮助海鸭蛋生产销售企业打开了线上销售渠道，并引导企业进行线上营销、售后服务等工作。目前，海鸭蛋生产销售企业60%的业务都在线上，收入较之前大幅提高，与其合作的海鸭养殖户的年收入也较之前增加了

---

❶ OEM：原设备制造商。

8万~10万元。销量的增加使产能同步提高。2019年，企业率先引入了自动化生产线，产能及标准化程度均大幅提升。企业产能已经从之前3万~5万枚/天提升到20万枚/天，较之前提升了近5倍。

【**案例2**】 百世快递服务网点在毕节七星关区街道及乡镇网点覆盖达到100%

基本情况：贵州省毕节市一共有41个乡镇办事处，其中七星关区燕子口镇大南山苗寨是当地出了名的穷寨，很多农户从未收发过快递包裹。大山限制了农户脱贫致富的思路，很多农户仅限于"种地"和"追山"（当地的俗语，上山打猎）。

国家邮政局党组书记、局长马军胜在贵州省毕节市七星关区调研邮政快递服务扶贫情况

主要做法：百世快递积极响应助农扶贫号召，充分发挥快递的辐射带动能力，扶持七星关区产业发展，在七星关区街道及乡镇做到网点覆盖达到100%。为帮助当地脱贫，百世快递积极投入，与农户合作实施订单式帮扶，出资购买100头猪，

送给农户喂养,并无偿提供防疫和技术帮助,签订回收协议,回收价格不低于市场价,带动当地农户增收60余万元。除此之外,百世快递还建立了20多万平方米的线下养殖基地,以传统的熟食喂养方式饲养了150头生猪,种植了番茄、土豆等大量的季节性生鲜食蔬,解决了当地贫困户创业就业难的问题,带动当地农户每年增加收入50余万元。同时,百世快递在七星关区创建了25家邻里驿站。这些驿站除了收发包裹外,还为小区提供多种便民服务,融合了多元化服务,帮助当地农产品打通销售渠道。

主要贡献:七星关区百世快递每年出口快件50余万件,其中寄递土特产品可占到30%,每年可帮助当地销售农特产品近千万元,解决当地贫困户创业、就业难问题,带动当地农户增收100余万元;创建25家邻里驿站,融合多元化服务,为七星关区"百企帮千户"助力脱贫攻坚工作作出贡献,实现就业人数212人,其中精准扶贫户就业人数35人,人均工资在5000元/月左右。

【案例3】 "廖奶奶咸鸭蛋"变脱贫"金蛋"

基本情况:江西瑞金市是罗霄山片区扶贫攻坚重点县市,贫困人口多、范围广。江西省邮政分公司充分发挥自身渠道优势、行业优势、资源优势,全面对接地方精准扶贫工作,助力脱贫攻坚,在多次调研论证基础上,选定赣州瑞金作为邮政电商扶贫的重点县,先行先试。

主要做法:2015年,廖奶奶所在的瑞金壬田镇凤岗村是国家"十三五"贫困村,老百姓有养鸭子的传统。20世纪60年代，廖奶奶家里条件差，便常常用当地的方法腌制咸鸭蛋，一部分用于改善家里的伙食，另一部分用来售卖换取些许生活费。几十年来，廖奶奶练就了腌制咸鸭蛋的好手艺。但由于农村交通不便、信息闭塞等原因，咸鸭蛋的价格一直很低，销量也很差。江西省邮政分公司将凤岗村列为邮乐购电商扶贫站进行重点建设，打造"廖奶奶咸鸭蛋"品牌，将其上线"邮乐购"等电商平台。

江西省瑞金市廖奶奶咸鸭蛋邮政电商扶贫项目获评"全球减贫案例征集活动"最佳案例

省、市、县邮政分公司立即组建项目团队，按照"五统一"（即"统一品牌、统一质量标准、统一宣传策划、统一电商补贴、统一邮费补贴"）原则，通过"六个一"（即一个站点、一个带头人、一个主打产品、一个合作社、一个主平台、一条邮路）项目化运作思路，采取综合化服务（金融贷款等），对廖奶奶咸鸭蛋进行全面运营推广。伴随咸鸭蛋销售成倍增长，鲜鸭蛋货源有限，加上腌制周期长，时常出现断货脱销现象。为持续做大产业规模，2015年12月廖奶奶咸鸭蛋合作社正式成立，并注册"廖奶奶咸鸭蛋"品牌。合作社无偿向社员和贫困户提供鸭苗，贫困户按标准饲养、出蛋，合作社再按至少高于市场价 0.2 元/个的价格回收，统一制成咸鸭蛋，通过线上线下多平台多渠道销售，实现了从"输血式"扶贫向"造血式"扶贫转变，逐渐形成了前店后村的"电商+合作社+贫困户"的成规模、可复制的电商扶贫产业发展模式。

随着销量、对接贫困户和影响力的不断提升，当地政府为鼓励贫困户养鸭，专门出台了关于发展鸭蛋产业的相关文件，并出资 20 万元建设光伏发电恒温鸭蛋储存仓库，修建鸭蛋养殖配送车间，解决合作社量产鸭蛋的存放问题，进一步稳定了产品库存品质。2017 年，廖奶奶咸鸭蛋的溯源体系正式搭建，从鸭苗的养殖和鸭蛋的腌制、储存以及产品的发货，实现全程产品管控追踪。2018 年，政府免费提供场地，帮助合作社建造了标准化生产作业车间，并引进高温蒸煮设备，开发熟食咸鸭蛋新品，实现自动化、机械化熟蛋生产，预计年产咸鸭蛋 400 万枚，可直接吸收剩余劳动力 30 余人，间接带动 100 余人走上发家致富道路。

主要贡献：为持续提升廖奶奶咸鸭蛋规模化、品牌化发展，项目团队联合当地政府，多次邀约中央电视台、人民日报、人民网、央视网等国内主流媒体及省、市县各级媒体平台进行宣传报道。2016 年 3 月，廖奶奶咸鸭蛋首次登上央视，为全国人民所知晓。2016 年 11 月，代表江西电商脱贫工程八种典型案例之一，参加全国网络扶贫工作现场推进会。2017 年 5 月，作为全国产业扶贫示范产品，参加全国产业扶贫现场观摩会。2018 年 11 月，成功亮相"伟大的变革——庆祝改革开放 40 周年大型展览"。随着模式的逐步成熟、品牌的逐步扩大、流量的逐步增加,截至 2019 年 4 月,据不完全统计,廖奶奶咸鸭蛋线上线下累计销售 120 余万枚,实现销售额 420 万元,辐射带动周边乡镇 94 户贫困户,户均增收 6000 余元。同时,廖奶奶于 2016 年 10 月荣获首届"全国脱贫攻坚奖奋进奖",2017 年 3 月获得"全国三八红旗手",2017 年被评为江西省十大新闻人物,2017 年获评赣州农村电商脱贫十佳先进个人,2017 年 3 月获阿里巴巴公益评选的首届"逆境阳光 MODEL 妈妈"等荣誉称号。2018 年,廖奶奶咸鸭蛋成为瑞金首个国家地理标志保护产品。2019 年 10 月 16 日"通过电商扶贫带动区域发展——廖奶奶咸鸭蛋"案例在 820 份减贫案例中脱颖而出,荣获"全球减贫案例征集活动"最佳案例。

三、就业扶贫模式

促进贫困人口就业增收,是打赢脱贫攻坚战的重要内容。邮政快递业贯彻落实《关于切实做好就业扶贫工作的指导意见》(人社部发〔2016〕119 号)、《人力资源社会保障部 财政部关于进一步加大就业扶贫政策支持力度着力提高劳务组织化程度的通知》(人社部发〔2018〕46 号)、《人力资源社会保障部办公厅关于深入推进扶贫劳务协作提升劳务组织化程度的通知》(人社厅发〔2018〕75 号)等系列政策文件精神,通过全行业及上下游产业吸纳就业能力,助力脱贫。解决贫困人口就业问题,是最有效的脱贫方式,一人就业、全家脱贫,长期坚持还可以有效解决贫困代际传递问题。

【案例1】 就业快递，授人以渔

基本情况：平泉市地处河北省东北部，冀、辽、蒙三省区交界处，位于燕山太行山集中连片贫困带，是国家扶贫开发重点县，也是国家邮政局定点扶贫帮扶县。近年来，在国家邮政局的大力指导和支持下，承德市邮政管理局和平泉市委、市政府积极探索，发挥各自资源优势，创新推出"就业快递＋企业"的就业扶贫模式，扩宽群众就业渠道，破解群众就业难题，更好地带动群众增收致富奔小康。

主要做法：打赢脱贫攻坚战需要源源不断的活水来贡献力量，培养人才是保持源头活水的关键。邮政管理部门将拓展青壮年劳动力就业渠道作为扶贫工作重点，充分发挥行业主管部门的职能作用和快递就业吸纳容量大的优势，积极协助地方政府建立和完善建档立卡农村贫困劳动力输出地与输入地劳务对接机制，面向平泉加大用工招聘力度，力争达到"输出一人，就业一人，脱贫一户，带动一片"的效果，为平泉市脱贫攻坚贡献力量。2016年以来，邮政管理部门引导顺丰速运、圆通速递、韵达速递、申通快递、百世快递、中通快递与平泉市进行广泛合作，对就业贫困劳动力实施就业帮扶，吸纳富余劳动力到快递企业从事快递配送、中心操作工等不同岗位的工作。

主要贡献：2015年以来，邮政快递业在平泉市平均每年培训260余名技术人员，引导建档立卡贫困人口实现就业50余名，体现了行业应有价值。我国邮政快递业已成为吸纳贫困人口就业、帮助农民增收的重要动力源，为全面打赢脱贫攻坚战贡献了行业力量。

【案例 2】 襄阳市邮政管理局："邮政 + 快递 + 青年创业"脱贫模式

基本情况：在城乡建设进程中，湖北省襄阳市政府大力支持毕业大学生回乡创业，实现自身价值。同时，随着一、二线城市竞争压力逐渐增大，逐渐出现劳动力返乡势头，为解决返乡劳动力、大学生及未就业贫困群众就业难题，襄阳市邮政管理局启动"青邮园"项目建设。

主要做法：襄阳市邮政管理局推动市邮政公司和共青团襄阳市委开展合作，积极响应地方党委和政府打造做强第三产业尤其是电商服务业的号召，启动"青邮园"项目建设，吸引襄阳本地和外出务工的青年人参加，激发青年的电商创业热情，不断培育和壮大青年电商创业队伍，探索邮政和电商这对线下线上老搭档的合作新模式。联合建立电商培训示范基地，为青年电商创业者提供建店、运营、维护、销售、寄递等一条龙服务；邀请导师团队，以培训、论坛等多方式、多场次召集电商峰会；聘请电商销售平台讲师及有创业经历的青年电商创业者，提供技术服务支撑和营销策略分享；邀请电商团队，帮助广大青年解决网上创业的实际困难。发挥邮政金融业务优势，扶持青年电商客户，有效解决青年电商客户的创业资金需求。筹建具有襄阳特色的"青年电商躬耕创业园"，把襄阳特色产品推出本土，实现电子商务在襄阳社会经济各领域的不断深入。

主要贡献："青邮园"项目通过打造"金融 + 电商""电商 + 寄递""金融 + 分销"的襄阳模式，积极切入地方农业经济产业链，服务乡村振兴战略，实现了社会效应和邮政发展的

"双丰收"。截至 2020 年，围绕电商创业已开展了 3 次培训，培训青年电商 110 人次。建成青年电商培训基地 1 处，建成电商包裹示范基地 3 处。有效将精准扶贫和就业技能培训相结合，加强贫困家庭劳动力技能水平和就业创业能力，增强贫困户的自身造血功能，由过去的简单体力劳动向技术型劳动转变，有效增强了贫困户的自身发展后劲，为脱贫致富拓宽了路径。

【案例 3】 黑龙江省顺丰速运有限公司：招募乡村代理推进农产品电商化

基本情况：黑龙江省讷河市五福乡，地处齐齐哈尔市与讷河市交界处，群众收入以农为主，劳务收入为辅，人均年收入 1.2 万元，是典型的贫困乡。五福乡主要生产土豆，"土豆"产量高、质量高，但是基本自产自销。顺丰速运以助力农副业发展为出发点，本着"成就客户，服务三农"的宗旨，积极响应国家号召，从"农产品上行"维度布局全产业链，创造顺丰特有的"精准扶贫、助力三农"发展之路。

主要做法：为促进农村就业，助力当地品牌化发展，顺丰速运采取以下举措，一是助推土豆从"农产品"到"电商商品"的转型。配置专门的团队提供农村产品商标注册、品牌认证等服务，助力农产品快速投身市场，快速转变成商品，增加农民收入。二是通过推介会、特产节等形式推介县域的特色农产品，并且协调媒体的力量加大宣传，打造人人知"县名"、人人知"特产"的良好局面。协助媒体关系，塑造讷河"土豆"的"一县一品"。三是拓宽农产品电商的合作模式，采用招募乡村代理推广的方式迅速推进农村电商，运用"线上＋线下"推广的方式进行宣传,加快推广农产品电商化的步伐。在农村招募"土豆"项目的代理,手把手教他们线上销售,人人开展电商,人人卖土豆,人人为土豆代言,形成浓郁的"土豆上行"的氛围。

主要贡献:"土豆"项目实施一个月,即实现销售收入1000万元,大幅提升农民收入水平。同时,农民电商技术水平大幅提升,思想观念明显转变、自我脱贫信心有效树立,贫困群众脱贫致富内生动力充分激发,真正形成了精准、稳定、可持续脱贫的良性循环。

四、消费扶贫模式

消费扶贫,是动员社会力量参与脱贫攻坚的重要途径。2019年初,国务院办公厅印发《关于深入开展消费扶贫助力打赢脱贫攻坚战的指导意见》(国办发〔2018〕129号),将消费扶贫纳入国家脱贫攻坚政策体系。消费扶贫模式是通过消费来自贫困地区和贫困人口的产品与服务,帮助贫困人口增收、脱贫的一种扶贫方式,主要着力拓宽贫困地区农产品销售渠道,着力提升贫困地区农产品供应水平和质量,着力推动贫困地区休闲农业和乡村旅游加快发展,在生产、流通、消费各环节打通制约消费扶贫的痛点、难点和堵点,推动贫困地区产品和服务融入全国大市场,使社会力量参与脱贫攻坚,为助力打赢脱贫攻坚战、推进实施乡村振兴战略作出积极贡献。大力实施消费扶贫,有利于动员社会各界扩大贫困地区产品和服务消费,调动贫困人口依靠自身努力实现脱贫致富的积极性，促进贫困人口稳定脱贫和贫困地区产业持续发展。

【案例1】 福建省龙岩市邮政公司打造消费扶贫产品展销中心

基本情况：福建省龙岩市邮政公司积极对接政府相关部门，主动承接扶贫产品产销对接职责，并在长汀县委、县政府的领导和支持下，整合利用兆征邮政支局场所，于2019年8月30日挂牌成立"长汀县消费扶贫产品展销中心"。该中心以"爱心永随·消费扶贫"为主题，通过打通贫困户农特产品的生产、运输、包装、销售等产业链条，实现线上线下、县内县外同步展示销售，广泛动员社会力量通过消费参与扶贫，有效解决贫困户农特产品产销对接问题、不好销的问题、销不好的问题，进而带动贫困户脱贫增收、消费者获得实惠，多方实现互利共赢。

主要做法：一是获取政府政策支持。与长汀县商务局、长汀县财政局、长汀县农业农村局联合出台《关于开展电子商务助力精准扶贫及促进农产品上行资金补助的通知》（汀商务电商〔2019〕1号），鼓励电商企业主动对接贫困户，收购贫困户自产农特产品，按采购金额的20%予以补助。政府从县级激励性扶贫补助资金中拨付10万元，用于展销中心装修布置补助。二是倡议消费扶贫。县扶贫办会同县总工会、长汀邮政等部门联合发文，倡议党政机关、企事业单位、学校、医院工会将贫困户农特产品纳入职工各类福利慰问物品采购清单，每年拿出一定比例的职工福利费用于购买农特产品，目前在中心采购贫困户农产品的单位达21个。三是举办产销对接会。举行贫困户农产品展销对接会和脱贫成果展示会,与晋江、德化三地举办"山海协作、产品互通"农产品销售对接活动;把河田鸡作为邮政主销产品,纳入省市"福至新春"联动销售项目,做大销售量。四是实现联动发展。收集整理18个乡镇的贫困户产品11个大类,77个产品,获取享受激励性扶贫产业项目资料319个、贫困户资料5729户,并以此为抓手,对接农民专业合作社、家庭农场和农户,提供金融、寄递、邮政等综合服务方案。充分利用支局富余场所,在兆征支局建设"长汀县消费扶贫产品展销中心"线下实体店。把贫困户农特产品上线到邮乐网"邮乐龙岩农品(扶贫)馆",借助省、市、县三级邮政渠道开展农产品宣传、推广、销售、寄递,并把生鲜河田鸡作为邮政主销产品。依托合作商,建设开通微信公众号和商城小程序;组建"消费扶贫联盟",动员党政机关、企事业单位、学校、医院等单位食堂开展定向购销农特产品,带头参与消费扶贫;结合"10.17"扶贫日或重大节日,适时举办消费扶贫产销对接会,号召各级行业部门采购贫困户农特产品;不定期做好各单位消费扶贫的情况通报,营造消费扶贫的氛围。

主要贡献:"长汀县消费扶贫产品展销中心"启动后,月销售贫困户农产品金额超10万元,已成为长汀县社会各界消费来自贫困乡村和贫困群众产品与服务的一个窗口,有力推进全县激励性扶贫产业发展的拓展延伸,推动社会各界爱心行为、慈善行为与经济行为、消费行为的有机结合,使扶贫"人人皆愿为、人人皆可为、人人皆能为",最终实现从"帮扶输血"向"市场造血"的实质性转变,有效地促进贫困户实现持续增收、稳定脱贫。

【案例2】 红河哈尼族彝族自治州邮政公司开展消费扶贫农产品线下直营业务

基本情况：红河哈尼族彝族自治州位于云南省东部，具有山区多、贫困人口多的特征。为充分发动社会各界和公民加强对贫困地区、贫困户的产品与服务的消费，帮助红河哈尼族彝族自治州贫困群众打开特色产品的销路，红河哈尼族彝族自治州邮政公司在当地邮政管理局的推动支持下，结合当地优势积极开展消费扶贫，合作搭建消费扶贫新平台，以"消费扶贫直营店"的亮眼模式有效助力脱贫攻坚。

红河哈尼族彝族自治州邮政扶贫专营门店运行情况

主要做法：在销售端，加强农村电商线上线下渠道建设，选择一些规模特色农产品，开发"一月一品""邮乐食堂""极速鲜"等项目，线下以支局所和邮乐购店作为联络点，线上以邮乐购、优帮帮为载体，通过统一设计、统一包装、统一宣传、统一销售，实现线上线下联动发展，促进建档立卡贫困户增收致富。在客户端，通过与州委州政府扶贫办、各级工会、红河哈尼族彝族自治州发展集团合作，推动红河消费扶贫整合现有资源，在蒙自市明珠路自营邮政网点叠加消费扶贫直营业务，在红河哈尼族彝族自治州金平县、绿春县、红河县、元阳县、屏边县国家贫困县开展121种农产品线下销售预订，鼓励工会会员积极购买，助力消费扶贫。

主要贡献：红河哈尼族彝族自治州邮政打造红河扶贫攻坚的标志性项目，推动形成贫困户、政府部门、邮政、合作企业四方经济收益及社会效益的多赢格局。截至2020年1季度，上线销售的农业公司、合作社14家，农产品24种，线上线下累计销售扶贫农产品105余万元。

【案例3】 "邮善邮乐"项目

基本情况："邮善邮乐"项目是由中国邮政集团公司浙江省分公司和浙江省民政厅联手共建的线上线下相结合的慈善超市项目。该项目依托邮乐网平台，增加"慈善和公益"的内容，进一步发挥邮政线上、线下渠道优势，吸引社会公众积极参与扶贫工作。

主要做法："邮善邮乐"项目利用邮政的村邮站、空白乡镇局所、邮乐购等现有渠道作为线下服务点，优先选择低保人员居住较为集中的区域开展"邮善邮乐"慈善超市建设。各慈善超市"慈善特卖"活动专区提供的商品均以日常生活必需的品牌商品为主，均由邮政公司批销渠道予以提供，销售价格与正常售价相比，优惠力度在5%以上。同时"慈善超市"还会定期开展慈善活动，低保对象凭身份证和低保证或民政部门发放的优惠券即可每月享受一次满 50 减 25 元的优惠，真正让广大低保人员享受到扶贫政策带来的实惠，让尽可能多的低保人员参与"邮善邮乐"慈善活动。"邮善邮乐"网上慈善超市分为慈善特卖、慈善义卖和慈善捐赠三大专区，主要实现两大方面的功能：一是为符合要求的困难群众提供质优价廉的日常生活用品购买，所购买的物品可在"邮善邮乐"线下慈善超市自提或直接快递到家；二是搭建慈善活动平台，方便广大爱心人士直接在网上进行实物捐赠、现金捐助或是通过购买"慈善义卖"专区商品等形式参与慈善。

浙江省磐安县首批投入使用的"邮善邮乐"超市

主要贡献："邮善邮乐"项目满足了困难群众购买质优价廉日常生活用品的现实需求，为困难群众开辟了更便捷、更贴近、更优惠的送温暖渠道，有效解决了困难群众购物难题。同时，"邮善邮乐"慈善超市让更多爱心人士走进乡村，走进困难群众的生活，积极参与扶贫助农事业，取得了良好的社会效益。截至 2020 年 5 月，浙江省 14 个"邮善邮乐"点都实现正常运营，共计服务低保户 834 人次，兑换优惠券 3675 张，得到困难群众的一致好评。

【案例4】 泰州邮政助力政府实施消费扶贫

基本情况：江苏省泰州邮政运用"电商+配送"模式，通过"邮乐食堂"项目，既为全市单位公共食堂和员工福利提供优质农产品，又为全市经济薄弱村和低收入农户拓宽农产品销售渠道，激发脱贫内生动力，形成了政府引导、社会参与、市场运作的消费扶贫模式。

扶贫共建"泰优汇"兴化大米启动仪式

主要做法：按照泰州市委、市政府打好精准脱贫攻坚战和实施乡村振兴战略的要求，以扶贫富民为主题，整合全市经济薄弱村、低收入农户的农产品资源，建立从农户田间地头、村集体合作社到全市单位食堂及员工福利农产品销售渠道。泰州邮政联合邮源道地绿色农产品专业合作联合社发起扶贫富民行动——助推农产品销售促增收项目，上线"邮乐食堂"App；充分调动经济薄弱村和贫困户种养殖的积极性，帮助农民通过农业新技术的推广应用和严格的质检,扩大绿色无公害农产品生产,丰富单位公共食堂食材供应。泰州邮政积极争取政府支持,由泰州市政府扶贫办发布《关于落实消费扶贫工作措施的通知》(泰扶〔2019〕4号),对经济薄弱村农产品进食堂,以及机关和国有企事业单位职工福利参与消费扶贫活动明确了指导性意见。

主要贡献:截至2020年4月底,该项目完成销售额477.6万元,形成扶贫资金6.97万元,帮扶泰兴市新街镇谢荡村、兴化市大邹镇吴家村、姜堰区大伦镇东徐村等经济薄弱村,常态化合作食堂14家。通过项目有效增加了贫困村的集体收入和贫困户家庭收入,形成长效性、可持续的精准扶贫、精准脱贫新模式;丰富了扶贫资金的来源,帮助解决部分挂钩扶贫单位扶贫资金不足的问题;充分调动了经济薄弱村和贫困户养殖的积极性,激发经济薄弱村和贫困户自主脱贫的内生动力。

五、帮扶扶贫模式

帮扶扶贫模式主要在于,充分发挥政府引导作用,从贫困村、贫困户实际出发,制订切实可行的帮扶措施,广泛调动社会力量,积极支援贫困地区,使扶贫资源集聚化、扶贫工作精准化。一方面,有效发挥驻村干部的帮扶作用,因村因户制宜,"一村一业""一户一策",实现扶贫对象"双向全覆盖",做到每位干部都参与帮扶贫困户,每户贫困户都有干部帮扶服务。另一方面,通过政策支持,鼓励、吸纳企业、各类经济体、社会组织和个人等社会资源到受援地区开展各项帮扶工作,服务贫困村落、服务贫困人群,推动各种创新创业。如依托各类平台发布援助信息,动员各类社会力量参与;动员志愿者参与,持续开展各类志愿服务;激励各类人才比较长期地扎根受援地,帮助受援地推进各项事业发展等。

【案例1】 塔城地区邮政管理局行业扶贫

基本情况:新疆维吾尔自治区塔城地区辖7个县(市)、94个乡镇(场、街道),区域总人口136万人(其中地方人口94万人),有3个贫困县即国家级贫困县托里县和区定贫困县和布克赛尔蒙古自治县、裕民县,2个有扶贫任务的非贫困县即塔城市、额敏县。2015年和布克赛尔蒙古自治县脱贫摘帽,2016年托里县脱贫摘帽,2017年裕民县脱贫摘帽。2019年,69个贫困村全部退出,建档立卡贫困户全部脱贫,贫困发生率由2014年的10%降至2019年的0,连续五年每年减贫万人以上,脱贫攻坚整体转入巩固提升阶段,减贫任务全面完成,现有建档立卡贫困户16710户(53015人)全部实现脱贫。

新疆维吾尔自治区邮政管理局党组书记、局长张建军出席新疆电信分公司与快递企业推进快递下乡进村暨5G+智慧快递合作协议签约仪式

主要做法：深入推进"快递下乡"工程，着力提升乡镇快递网络覆盖率，助力脱贫攻坚。一是结合"电商进农村"工程，协调商务部门对服务于农村电子商务的快递企业给予适当补贴，促进快递网络向农村延伸。二是鼓励快递企业与邮政企业和供销、商贸企业加强合作，充分利用村邮站、"万村千乡"工程网点、乡镇电子商务服务站点、交通客运等基础设施以及交通客运、货运资源，发展乡镇快递网络，打造乡镇综合寄递服务平台，打通本地农产品进城、工业品及农资产品下乡双向流通渠道。三是强化政策支持，认真落实国家邮政局的《快递末端网点备案暂行规定》（国邮发〔2018〕60号）和新疆维吾尔自治区邮政管理局的《新疆维吾尔自治区实施〈快递末端网点备案暂行规定〉细则》，对乡镇快递网点实施备案管理，释放市场活力，减轻企业负担，促进乡镇快递网点发展。

主要贡献：塔城地区立足脱贫攻坚巩固提升的实际，采取"抓产业、促就业、稳增收""抓贫困村产业合作组织发展、促产业扶贫持续提升""抓贫困群众思想认识有新提升、生活水平有新提高、精神面貌有新变化，促生活质量全面提升""抓脱贫攻坚巩固提升分类施策，促巩固任务落实"等措施，全面推进脱贫攻坚巩固提升各项工作。贫困群众收入水平大幅度提高，贫困群众年人均纯收入由2017年的6757元增长至14707元以上，较摘帽前同比增长117%。贫困地区经济社会发展明显加快，贫困村产业合作组织由23个增长至69个，达到贫困村全覆盖，较摘帽前同比增长200%。2020年3月底，全地区有劳动能力贫困群众3.2万人全部就业。贫困地区基本生产生活条件明显改善,行政村全部通硬化路,村村都有卫生室和村医;未升学初高中毕业生全部进入中等职业技术学校接受培训,阻断贫困代际传递;46所乡镇卫生院开通远程会诊服务,切实减轻贫困人口就医负担;1495户建档立卡贫困户通过易地扶贫搬迁,摆脱了"一方水土养活不了一方人"的困境;贫困村通宽带比例达到100%,群众生产生活条件不断改善,获得感、幸福感明显增强。

【案例2】 临沂市邮政管理局:"输血""造血"一把抓

基本情况:南薛庄村是山东省临沂市邮政管理局第四批第一书记派驻村,位于沂南县砖埠镇北9公里处,全村土地面积178.1万平方米,其中村庄占地44万平方米,耕地128万平方米,产业单一。长久以来,外出打工和种植普通农作物是村民的主要收入来源。临沂市邮政管理局针对这些问题,坚持寻找扶贫"法子",带领群众走上致富路。

主要做法:临沂市邮政管理局秉承"整体扶、扶整体,长远扶、扶长远"的工作思路,开展系列帮扶措施。一是扎实开展"结亲连心"活动,对建档立卡贫困户和贫困人口逐一制定扶贫帮扶方案,绘制扶贫地图,建立脱贫台账。二是制订精准扶贫实施方案,结合沂南县实施的"村社共建"工作,以"共建项目+贫困户"为载体,带领村民因地制宜发展光伏发电、箱包加工等项目,使共建项目与贫困户收益紧密联结,形成脱贫致富长效机制。三是利用行业发展优势开展邮政快递业扶贫试点工作,打造标准化农村邮政快递电商服务平台,促进农村电商购销网络下沉,带动农民持续增收。四是开展"百家电商帮村计划",建设农村电商快递综合服务站,实现县内快递企业集中入驻。五是开展"情暖万家"慈善救助暨困难家庭帮扶、助残致富奔小康、特困户温暖过冬等活动,让群众感受温情民生。

主要贡献:临沂市邮政管理局持续改善帮扶村庄人居环境,修建了文化广场,硬化了道路,安装了体育健身器材、太阳能路灯等便民设施。坚持培植发展致富项目,强化扶贫措施,实现村集体增收,做到家家致富、人人小康。截至2020年5月,南薛庄村服务站已发出小米、板栗9890单,实现收入29.6万元;其中涉及贫困户21户4650单15.3万元,直接增收19963元。

【案例3】 "多点联动+驻村书记"助力精准扶贫

基本情况:近年来,安徽省阜阳市邮政分公司在阜阳市委、市政府和安徽省邮政分公司的领导和大力支持下,认真贯彻落实党中央决策部署,切实履行扶贫工作职责,立足阜阳市情,采取"多点联动+驻村书记"模式助力精准扶贫。

主要做法:阜阳市邮政分公司坚持多方联动、多点发力,扎实推进帮扶村精准扶贫工作。一是选派优秀的扶贫干部吃住在村,了解帮扶村及贫困户实际和基本条件,根据贫困户致贫原因和家庭实际情况,因户施策、精准帮扶。二是整合多方资源,发挥邮政的网络优势,依托邮乐购站点,加强对站点和人才的培训培育,积极助力"农产品进城",将特色农产品销往城市,为农产品进城实现标准化和产业化打好基础。三是借助渠道优势,以批销业务为抓手,积极对接上游供应商及下游零售商,助力"工业品下乡",实现"厂家降本、站点得利、用户省钱、邮政发展"的多赢局面。四是鼓励贫困地区青年本地创业,依托邮乐网、邮乐农品网和"邮掌柜"平台资源,对本地青年进行邮掌柜系统免费培训,并开展免抵押、免担保的"掌柜贷"等金融服务,解决"创业难"的问题。

主要贡献:截至 2020 年 5 月,阜阳市邮政分公司累计投入资金 50 余万元,完善帮扶村基础设施建设,配套 33.3 万平方米滴灌节水设施,开挖土方 27 万立方米,通 32 条沟 17.7 公里,完成 31 座村民房前屋后沟塘清淤、3 公里排涝沟生态护砌。完成阜阳市辖区及 5 个县(市)的县域物流配送网改造工作,提升农村电商基础服务能力,累计建成"邮乐购"村级站点 2361 个,行政村覆盖率达到 100%,落实到户产业项目资金 216.34 万元,户均增收 7980 元。

六、多模式扶贫模式

改革开放 40 多年来,我国城乡和区域差距不断缩小,但我国国情依然具有一定的复杂性,各地区之间以及地区内部仍呈现不平衡的典型特征。就贫困分布来看,我国的贫困特征由以往的块状特征转为了点状贫困,而且点与点之间、不同地区之间甚至是贫困县内部也存在着显著差别,这也决定了我国扶贫工作的复杂性和艰巨性。也正因如此,我国扶贫工作因地制宜,采取了具体的多元化手段,并充分发挥相互间的协同效应、叠加效应和乘数效应。

【案例 1】 一联四直五送一融合

基本情况:安徽省淮南市邮政管理局高度重视帮扶工作,根据安徽省邮政管理局和淮南市委、市政府对于扶贫工作的整体部署，持续推进"重精准、补短板、促攻坚"专项行动，全力打好"四季攻势"，扎实做好"五送工程"（春送岗位、夏送清凉、秋送助学、冬送温暖、节假日送关爱），相继开展"扶贫助残，你我同行""中秋送温暖，情系贫困户""邮爱同行""金秋助学""赠书送教""送春联、送文化下乡"等系列活动，帮助帮扶户实现了稳定持续脱贫。

安徽省淮南市邮政管理局开展"扶贫助残，你我同行"主题党日活动

主要做法：淮南市邮政管理局采取"一联四直五送一融合"方式，打通交通"堵点"，畅通"微循环"，决战决胜脱贫攻坚。一联为：联合淮南市农业农村局出台《关于做好新冠肺炎疫情防控期间淮南市邮政快递业助力农产品销售的通知》，利用寄递企业网络优势，做好农产品稳产保供。四直为：推动邮政快递企业直接进厂、直接进村、直接入户、直接到田间地头，助力本地"菜篮子"产品产得出、运得走、不积压、不难卖。如引导凤台县邮政分公司服务前移，帮助农户提交资料开展线上线下销售，结合邮政品牌、仓储和渠道优势，制订寄递

方案，抽调专人上门揽收，免费提供仓储、车辆等支撑，对装箱、运输等寄递全过程进行质量把控，打造"农产品+同城寄递"的区域服务模式，构建农特产品进城的产业链条。同时，不断提升邮乐购站点活力，将助农链接分享到朋友圈或转发到邮政客户群中，利用线上线下优势为滞销蜜薯等农产品提供广阔的销售空间。截至2020年上半年，已销售蜜薯14900多单、37.25吨，得到当地政府和农户的一致好评。五送就是：通过"春送岗位、夏送清凉、秋送助学、冬送温暖、节假日送关爱"，有效解决贫困户实际困难。一融合就是：加快邮政快递业和电商融合发展，助力贫困地区农产品出村进城出口。

主要贡献：淮南市邮政管理局同时印发《关于做好新冠肺炎疫情防控期间淮南市邮政快递业助力农产品销售的通知》《淮南市加快推进"快递进村"工作实施方案》，通过"邮快合作""快快合作""交快合作""快商合作""快电合作"等多种方式，大力推动"快递进村"工程，引导全市邮政快递企业优化现有网点布局，有效发挥渠道优势，助力农产品销售。鼓励邮政快递企业发挥自身网络平台和仓储优势，助力本地农产品由滞销向畅销转变，仅2020年4—5月份，就销售鸭蛋、酥瓜、牛肉汤、粉丝、萝卜干、芡实等农产品25.23万单，带动农产品销售收入570.54万元，为助力脱贫攻坚、服务乡村振兴发挥积极作用。

【案例2】 "交邮合作+电商平台+培训"扶贫模式

基本情况：牡丹江市位于黑龙江省东南部，属丘陵山区地貌，交通多有不便。为打通贫困地区农产品物流渠道，牡丹江市邮政管理局和市交通局自 2016 年率先开展交邮合作试点项目，选取穆棱市作为试点县，打造县、乡、村三级物流体系，形成"牡丹江模式"。该模式得到交通运输部、国家邮政局及黑龙江省委、省政府的认可，交通运输部杨传堂书记和李小鹏部长两位领导曾亲笔签名致函黑龙江省委省政府，充分肯定了牡丹江交通运输部门的做法，有关指标和内容也被写入省委经济工作会议报告。

牡丹江农村交邮融合共建站点

主要做法：牡丹江市邮政快递业紧扣"扶贫攻坚"主要目标，着力推动"交邮合作"，全面加强贫困地区服务网络覆盖，实现乡乡有网点、建制村直接通邮，打通工业品下乡进村"最后一公里"和优质农副产品出村进城"最初一公里"，贫困地区寄递服务质量和时限准时率明显提升。一是积极推动"交邮合作""邮快合作"。在县（市）层面，按照集约集中、无缝衔接的思路建设综合服务中心；在乡镇层面，整合闲置场站、局所资源,打造综合性物流站;在村级层面,整合社会资源,整合利用"益农信息社""农村电子商务讲习所""村邮站"建设综合服务点,填补末端寄递服务空白点。二是全面打造邮政快递业服务农业农村示范项目,加快推进邮乐购站点建设,利用"淘宝村播"电商平台、微信朋友圈等方式,有效支撑农村电商发展,培育"快递+""一市一品""一地一品"等项目,帮农民销售房前屋后的特色农产品,构建致富脱贫新渠道。三是面向广大农民开展直播卖货培训,利用"交邮合作""邮快合作"便捷、低价的物流服务将本地特色农产品卖向全国。截至2020年上半年,累计开展培训15次,培训农村人员7520人,共计支撑农村电商销售额417.33万元。

主要贡献:"交邮合作"模式带动了当地庭院经济发展,开辟出一条"寄递+电子商务+庭院经济+贫困户"的全新扶贫模式,将贫困户自家庭院里零散的种植、养殖产品,通过电商平台,化零为整,扩大收入空间,并为支持青年农民返乡创业探索了新途径,成为贫困户脱贫致富的一大助力。截至2020年5月,牡丹江市55个乡镇均设有邮政、快递网点,建制村通邮率达到100%,建设乡镇公共服务平台601个。"交邮合作"共建设站点249个,其中全市500户以上行政村达到全覆盖。快递进村率达到100%,其中通过"邮快合作"已对475个行政村产生了代投业务。快递服务农业总产值达到4.32亿元,带动贫困农民增收302.2万元,带动贫困就业人数80人。

【案例3】 "1234"统筹推进

基本情况:"1234"模式是青海省西宁市邮政管理局积极

探索的精准扶贫的工作模式。其中,"1"是指一把手负主责,全面负责抓精准扶贫工作;"2"是指定点扶贫和行业扶贫携手推进,发挥行业优势,助力精准扶贫;"3"是指动员驻村工作队、机关党员队伍和寄递企业志愿服务队3支队伍参与精准扶贫工作;"4"是指4种模式多管齐下,全力打赢脱贫攻坚战。

扶贫日捐赠活动暨顺丰速运西宁就业招聘会现场

主要做法:西宁市邮政管理局全面贯彻落实局党组主体责任和一把手领导责任,聚焦全局、大局,扎扎实实为民办实事、办好事。按照市直机关工委"机关党支部与联点帮扶村党支部党建工作一体化"工作部署,西宁市邮政管理局和湟中县上五庄镇北庄村开展党建联点共建。邮政管理局主要负责人多次前往北庄村开展深入调研,对接扶贫帮扶工作情况,通过资源共享、功能互补、互促互进,实现了城乡之间党建领航助力脱贫。在助力湟中县上五庄北庄村全面脱贫外,西宁邮政管理局坚持"普惠邮政"理念,监督邮政快递企业履行社会责任,全力推进建制村通邮、村邮站建设,大力推动"快递下乡"工作,鼓励邮政快递企业进一步拓展牛羊肉、虫草等特色产品寄递业务,广泛利用邮政快递业的力量助力精准扶贫,服务乡村振兴战略。此外,西宁市邮政管理局和上五庄镇党委共同指导督促北庄村驻村工作队开展驻村扶贫工作,紧抓、强化机关党员队伍立足本职做好精准扶贫工作,引导寄递企业组织志愿服务队,投身精准扶贫工作。通过4种模式齐抓共管,西宁市邮政管理局通过广泛吸纳贫困劳动力,动员企业及机关干部职工捐款捐物,推进城乡之间"双帮"工作,实现助力打赢脱贫攻坚战的目标。

主要贡献:西宁市邮政管理局全力打赢脱贫攻坚战的成果得到了市政府有关领导的充分肯定,得到了全市群众(尤其是广大农村地区群众)的高度认可;定点扶贫工作得到了上五庄镇党委、镇政府的真心感谢,取得了北庄村"两委"及群众高度认可。湟中县上五庄镇北庄村于2018年顺利实现"村退出",并在2019年完成最后2户8人的建档立卡户脱贫,实现29户84人全面脱贫。建制村通邮和村邮站建设成效显著,2018年10月份西宁市实现全市917个建制村全部通邮,并在全市建成村邮站258个,有力保障了农村地区群众用邮权利。推进快递下乡进村,实现快递服务乡镇全覆盖,并在50个乡镇建立了26个快递网点,在2018年、2019年实现农村地区业务量年增长200%以上,推动广大农村地区群众共享快递业发展成果。引导快递企业积极吸纳建档立卡户就业,2018年面向定点扶贫村北庄村招募贫困劳动力12人。2020年面对疫情,动员顺丰速运、韵达快递等企业面向全省招聘建档立卡劳动力，增强内生动力和"造血"能力。

【案例4】 "黔邮乡情"项目

基本情况："黔邮乡情"是贵州省邮政分公司为深入贯彻贵州省委、省政府和中国邮政集团有限公司关于精准扶贫、助农脱贫的政策方针，落实好与贵州省扶贫开发办公室联合开展的"贵州邮政电商精准脱贫工程"，于2016年7月创立的邮政精准扶贫公众号平台。旨在通过电商平台，利用邮政物流、金融流、信息流的"三流合一"优势资源，帮助农民，特别是贫困农户将农产品直接销售进城，以解决农民的农产品销售难题，从源头提高贫困农户收入，助推精准扶贫、脱贫。通过政企多方共同努力，"黔邮乡情"已成为拥有完整的、专业的运营推广团队和稳定的农产品来源，在省内颇具一定影响力的电商平台，给众多农户以及客户带来经济效益。

贵州省"黔邮乡情"助力贫困地区农产品出村

主要做法：企业层面，贵州邮政分公司研究农产品卖点、包装运输、营销方式等，及时完成产品上线，保障农产品在最佳时期销售；做好农产品品控管理，尽可能确保产品品质稳定；定期策划主题活动，吸引粉丝关注，提升平台销量；指导和培训当地农民学会利用互联网销售农产品。政府层面，当地政府给予邮政包裹运费补贴，让农产品在市场上有竞争力，提升农产品销量；提供免费场地作为仓库，方便农产品打包；县长亲自代言，并组织员工转发、分享，提升产品的公信力，加快农产品进城的速度。媒体层面，中国扶贫公众号、新华网、今日头条、腾讯新闻、劳动时报、贵州日报、安顺日报、铜仁日报、贵州卫视5频道"帮忙栏目"等对"黔邮乡情"项目进行宣传报道，扩大影响力，助力农产品销售和贵州邮政精准扶贫工作。

主要贡献：截至2020年5月，"黔邮乡情"平台累计运作修文猕猴桃、赤水冬笋、印江金香橘、罗甸脐橙等农产品项目3000余个，销售农特产品6500余万元，帮助贫困人口8400余名，助农创收2800余万元。通过"黔邮乡情"平台，贵州实现了本地农产品"触网"销售，推动农产品"标准化、品牌化、网货化"进程，积极探索了多方合作，共同推进"农村电商+精准扶贫"新路径，推动农特产品走出大山、走向全国、走向世界。

第六章 邮政快递企业助力脱贫攻坚的主要做法与成效

近年来,邮政快递企业牢牢抓住网络通、产业通、就业通三个基本方向,以拓展网络覆盖、打通村级节点作为扶贫的前提基础,以邮政快递业与农村电商协同发展为基本着力点,以科技创新作为重要手段,以就业扶贫作为牵引保障,充分发挥行业在网络、服务、人才和就业等方面的优势,充分结合贫困地区资源禀赋和产业发展实际,有效打通贫困地区农产品上行与工业品下行双向流通渠道,大幅提升贫困地区特色产业品牌效用,促进贫困人口稳定就业,改善贫困地区生产生活条件,实现贫困群众增产增收,为打赢脱贫攻坚战作出积极贡献。

一、中国邮政助力脱贫攻坚的主要做法与成效

中国邮政聚焦国家级贫困县和贫困群体,围绕"精准扶贫、精准脱贫"基本方略,充分发挥自身"物流、资金流、信息流"优势,为助力国家打赢脱贫攻坚战、全面建成小康社会、实现中华民族伟大复兴贡献力量。据统计,中国邮政直接帮扶定点扶贫点近4000个,累计投入扶贫专项资金4亿元,选派专职扶贫干部8000余人,惠及840多万贫困人口。创新实践了"电商+互联网""产业+技术""教育+就业"三种特色

扶贫模式,帮助贫困群众既"富口袋",更"富脑袋"。

扎实推动定点扶贫。自1999年起,中国邮政承担了陕西省商洛市商州区和洛南县的定点扶贫任务。20多年来,投入扶贫专项资金6945万元,先后选派扶贫干部40余人(次)到洛南县、商州区挂职开展特色鲜明的扶贫工作,以党建扶贫引领脱贫攻坚,以产业扶贫筑牢发展之路,以教育扶贫精准扶贫到根,以电商扶贫助力农品销售,以金融扶贫助推产业发展,以保险扶贫巩固脱贫成果,带动了3.8万多贫困人口脱贫,受益群众达40多万人,提前一年实现脱贫摘帽。

①在洛南县举办送培训到基层活动
②在商州区贫困村举办致富带头人综合提升培训班

①在商州区牧护关镇竹园村举行电商扶贫产品签约仪式,树立"邮助农"电商扶贫品牌
②洛南电商扶贫品牌"洛小鲜"

①在洛南中学召开教育扶贫定点招生宣讲会
②家访教育扶贫项目受助学生
③为贫困学生提供学生资助及就业岗位

电商扶贫打通城乡渠道。中国邮政通过电商扶贫持续推进"线上+线下"销售渠道建设,破解农产品进城"最初一公里"难题,同时探索农产品"销售+寄递"扶贫模式,大幅提升贫困地区农产品销售规模。仅2020年"919电商节"期间,就销售扶贫产品489万单,销售额达8906万元,打造销售过万单扶贫产品228个,其中销售过10万单扶贫产品达4个。截至2020年,中国邮政累计开通875个电商扶贫地方馆,覆盖全国832个国家级贫困县,累计完成1736个销售过万单扶贫商品,培育12991个扶贫能手;累计开展电商扶贫项目4476个,助农创收

19.3亿元,惠及贫困群众71.2万人。

开发扶贫特色信贷、公益基金。近三年,中国邮政在832个国家级贫困县个人信贷累计投放超4500亿元。现已总结出金融扶贫"五大模式",以及陕西商洛"红色产业链模式"、河南"卢氏模式"等典型经验。2019年,选送的宁夏"蔡川模式"、四川"立体扶贫"模式、青海"双基联动"金融扶贫典型案例入选"中国企业精准扶贫优秀案例"。针对贫困地区特色产业,创新推出"核桃贷""油茶贷"等信贷产品。

围绕商洛特色辣椒产业,采用"政府+银行+合作社+贫困户"模式,向"辣上天"专业合作社发放贷款420万元,带动贫困户7800多户、2万余人,户均增收1万元

积极开展扶贫公益项目。中国邮政充分利用网点和品牌优势,搭建公益合作平台,与中国扶贫基金会、妇女发展基金会共同发起"爱心包裹""母亲邮包"公益包裹项目,提升了社会各界参与公益扶贫途径的多样性和便捷性。开办以来,累计募集金

额8.6亿元，惠及650万名贫困学生、92.9万名贫困母亲。

"爱心包裹""母亲邮包"公益包裹项目

此外，中国邮政联合中国扶贫基金会于2017年3月发起邮爱公益基金，帮助困难群众。截至2020年8月末，累计募捐3212万元，在全国18个省33个贫困县开设了33个"邮爱自强班"，合计资助2986名贫困学生。2020年，邮爱公益基金发起湖北专项捐赠，支援受疫情影响的湖北武汉学生1350人。

开发"邮爱自强班"项目，对建档立卡户贫困高中生进行优先资助，帮助贫困高中生完成学业

发行纪念邮票，做好脱贫攻坚成就宣传。各级邮政企业结合"中国农民丰收节""精准扶贫"两个题材，开发了"三

农"系列题材集邮产品,积极宣传国家脱贫攻坚战略实施历程和取得的丰硕成果。

①2018年9月23日发行《中国农民丰收节》纪念邮票
②2019年11月29日发行《精准扶贫》纪念邮票

二、顺丰速运助力脱贫攻坚的主要做法与成效

顺丰速运脱贫攻坚工作集中围绕推动农业产业链发展、教育发展、儿童医疗救助、扶贫济困等领域开展业务活动。

打造扶贫生态产业链。顺丰速运针对性打造涉农核心业务,着力推进"快递下乡"和产业扶贫。结合打造品牌化智慧农业,主动对接智慧农业研究资源,输出针对性品牌化解决方案,以打造智慧农业全产业链和地方特产品牌化,推动贫困地区农业发展提质升级。打造涉农核心业务,包括烟台大樱桃、台州杨梅、无锡水蜜桃、梅州柚、内蒙古牛羊肉、赣南脐橙、岭南荔枝、查干湖鱼、舟山梭子蟹、威海牡蛎、丹东草莓、吉林山野菜等数十个有地域特色的区域农产品品牌。赣南脐橙、乾县酥梨等标志性项目被国务院扶贫办评为典型电商扶贫案例。

顺丰速运打造荔枝、松茸、樱桃供应链解决方案

致力贫困地区助学。2012年发起成立顺丰莲花助学项目，目前已发展为全国性发展型助学公益项目。项目采取以县域为单位集中申请、家访核实、持续资助及陪伴支持的方式，旨在建立人与人之间更好的联结，助力贫困学生顺利完成高中及大学学业，构建完整的人格及丰富的内心世界，成长为能够适应未来社会发展并愿意回馈社会及反哺家乡的人。项目包含公益行、高中助学金、成长夏令营、梦想分享会、陪伴人计划、班主任计划、大学奖学金、反哺计划8个子项目，全面支持和陪伴学生们的成长。截至2020年，顺丰莲花助学项目已在全国18省（自治区、直辖市）66县（市、区）开展，项目累计资助贫困中学生26270人，发放奖助学金1.31亿元，其中133275人高中毕业，超过8900人升入本科院校。2018年项目荣获第十届"中华慈善奖"。

第六章 邮政快递企业助力脱贫攻坚的主要做法与成效

①顺丰速运志愿者前往河南嵩县莲花助学项目申请学生家庭开展走访核实工作

②深圳市儿童医院专家正在给汕尾陆丰地区前来参加"顺丰暖心——先心病儿童医疗救助项目"免费筛查活动的儿童进行听诊筛查

助力儿童医疗救助。为助力0~18岁相关疾病患儿"早发现、早治疗、早康复",在"战胜疾病"和"温暖心灵"两方面助力孤贫儿童身心健康成长,顺丰暖心设立先心病救助、血液病和恶性肿瘤救助、孤儿养护三大救助模块,同时开展义诊筛查、医疗救助、孤儿养护、人文关怀、健康扶贫等工作,目前已发展成为多个子项目并行的儿童医疗救助项目矩阵,为孤贫儿童提供全面的医疗救助和人文关怀服务。截至2020年6月,顺丰暖心项目共开展22场儿童先心病筛查救助公益行,累计投入救助资金2.62亿元,在全国28省份的69家定点医院和4家福利院(养护机构)救助孤贫患儿10400人;人文关怀行动中的实体类空间累计为9866户家庭提供咨询、陪伴、住宿等各类人文关怀服务。

三、京东物流助力脱贫攻坚的主要做法与成效

京东物流发挥自身供应链、物流、金融、技术、服务五大

核心能力，在实践中"促普惠，重协同，稳就业"，帮助贫困地区实现从脱贫到"奔富"的跨越，探索出一条具有特色的扶贫之路。2016年1月22日，京东物流与国务院扶贫办签署《电商精准扶贫战略合作框架协议》，全面启动电商精准扶贫工作。截至2020年9月30日，京东物流已帮助全国贫困地区上线商品超300万种，实现销售额1000亿元，直接带动超100万户建档立卡贫困户增收。

推动物流普惠，打通脱贫路上"最后一公里"。为解决农村地区物流难题，助力脱贫攻坚，京东物流加快网络下沉，推动物流普惠建设。一方面，京东物流以全国七大物流基地为中心，构建辐射周边城市和农村地区的城乡一体化网络，加大对农村地区的覆盖。另一方面，京东物流持续提升对农村地区的服务效率，推出并不断升级的"千县万镇24小时达"时效提速计划，面向低线城市及重点县镇村布局物流新基建，让贫困地区消费者享受更高质量的服务。京东物流为农民打开了致富路，打通了脱贫"最后一公里"。截至2020年6月底，京东物流在全国运营超750个大型智能仓库，90%行政区县已实现24小时达。

促进产销链接，打造脱贫致富的"双法宝"。着力拓宽贫困地区农产品销售渠道，让贫困地区产品和服务融入全国大市场。京东物流依托物流渠道和京东电商平台的双重优势，强化供应链协同，通过推动"商流＋物流"一体化，为农村地区贫困群众提供致富的"双法宝"。2020年京东物流重点布局全国22个农产品产业带的530余个农特产地，充分满足农特产品高时效寄递的需求,让贫困地区的优质农产品卖得掉、运得出。例如2020年受新冠肺炎疫情影响,四川省汶川县高半山小村落垮坡村樱桃滞销,刚刚摘帽的"国家级贫困村"贵州省修文县六广镇新明村猕猴桃滞销,京东物流一方面通过直播带货等形式帮他们打通商流,另一方面制定了物流专属解决方案,产地直发,航空、铁路、公路等多式联运快速将新鲜产品送至消费者手里。

①京东物流为中国最后一个通公路的建制村——四川省凉山州布拖县阿布洛哈村送去了村里的第一单快递
②云南省怒江傈僳族自治州泸水营业部的京东快递小哥用滑索为偏远地区的客户送货上门
③京东物流车辆深入产地一线,打通农产品上行通道

扩大就业扶贫,为贫困家庭吃下"定心丸"。京东物流将就业扶贫作为助力脱贫攻坚的有力举措。2016年,京东物流与国务院扶贫办签署《电商精准扶贫战略合作协议》,其中用工

扶贫是重要的合作内容之一。京东物流在全国几十个国家级贫困县举行了招工扶贫活动，招聘岗位重点向贫困地区倾斜，优先录用建档立卡贫困人口。2020年疫情暴发后，京东物流又面向全国开放超过20000个一线岗位，并优先录用建档立卡贫困劳动者等困难群体。这些举措，为"六稳""六保"工作和脱贫攻坚提供了有力支撑。

① 京东物流"直播带货+产地直发"助力贵州省贵阳市修文县六广镇新明村猕猴桃销售
② 为助力果农销售，京东物流—汶川甜樱桃产业战略合作启动仪式在四川省阿坝州汶川县举行
③ 京东物流助力杭州茶叶销售

四、中通快递助力脱贫攻坚的主要做法与成效

中通快递充分利用自身的服务网络优势及生态优势，把贫困地区农产品与国内统一大市场相连接，促进农产品上行与工业品下乡的双向流通。截至 2019 年底，中通快递在贫困县的网点开通率超 95%，近 200 个贫困县实现乡镇全覆盖。

发挥快递平台优势，助农发展增收致富。中通快递积极打造"快递+电商+农户"模式，持续健全农村配送网络，提升农村及贫困地区服务能力，加大加快农产品高质量上行，助力脱贫攻坚。截至 2019 年底，中通快递在全国 832 个贫困县网点开通率超 95%，在近 200 个贫困县实现贫困乡镇全覆盖。依靠网络优势打造"一地一品"项目助农惠农，助力培育出了广西百香果、江苏沭阳花卉、四川米易番茄和爱媛柑橘、山西寿阳玉露香梨和临县黄河滩枣、陕西礼泉苹果和周至猕猴桃、湖北洪湖莲藕等年发货量百万级、千万级的金牌助农项目。联合河北平泉市政府整合当地优质资源，打造"平泉特色馆"，并在中通优选平台上线，助力平泉生态农产品上行。与宁夏红寺堡区委、区政府合力打造"红寺堡特色馆"，协同政府、企业、合作社等多方主体，有效解决红寺堡农特产品销路窄、增产不增收等问题，赋能农户增收。截至 2020 年 5 月，中通优选已开通华东、华南、华北、华中、西南、西北、东北等区域 31 个产品馆，涵盖贫困地区数百种农特产品。通过创建社群新零售平台、打造"红人带货"、举办"直播带货节"、提供高效增值服

务等解决农产品滞销难题。结合各地实际试点无人机配送、发力冷链运输、举办村播带货等,持续拓展助民脱贫模式。

①秭归中通快递业务员在帮助果农打包脐橙,尽力帮助他们解决滞销难题
②中通快递与湖北潜江农户农场合作铺设代收点,助力黄桃走出农场、寄往全国
③打造"红寺堡特色馆",促进农特产品与市场需求有效对接
④中通快递举办系列"直播带货"活动,此图为中通快递集团董事长赖梅松在直播间推荐贫困地区农特产品

创造工作岗位,建立长效脱贫机制。中通快递为贫困家庭提供创业就业平台,截至2020年5月,中通快递全网员工农村人数占比近60%,来自贫困县的员工占比约12.3%。成立创业基金,为返乡经营网点的员工提供扶持资金,为农村贫困人口创造更多就业岗位。例如,中通快递安徽宿松网点在该贫困县提供200余个就业岗位,解决了200多个贫困家庭经济问题。与当地政府签订合作协议,建立"一户一人"就业脱贫中通基

地，推动农村劳动力创业就业。例如，位于贵州省中部的龙里县谷脚镇受经济发展基础薄弱制约，居民收入普遍不高，为改善贫困现状，中通快递与谷脚镇达成协议，实行"政府搭台、企业支持、群众唱戏"模式，吸纳17个建档立卡贫困户入驻"'一户一人'就业脱贫中通基地"，助农增收。建立"员工之家"和小型"图书馆"，帮助员工提高知识水平，更好地适应岗位。

实行战疫扶贫特别招聘与扶持措施。将战疫复工与脱贫攻坚结合，重点帮扶贫困地区的经营网点，设立一亿元战疫基金保障一线员工生命安全，并对因疫情经营困难的网点给予免息贷款等金融支持。扩大招聘，在全国招聘超过1.6万名一线快递员、操作员和驾驶员，特别加大从贫困地区招收员工力度。

关爱新生力量，阻断贫困代际传递。中通快递"教育扶贫"捐助已惠及全国10多个贫困地区的中小学，并已在全国捐建修缮希望学校8所，为贫困地区的孩子和家庭带去新的希望。中通快递每年举办"圆梦1+1"爱心助学活动，向云南、西藏、新疆、青海等深度贫困地区的学生捐献各类物资，目前仅书籍捐赠累计已过万本。与湖南湘潭大学联合成立公益组织"环中微益"，开展"爱聚你我，衣暖人间"主题捐赠活动。此外，中通快递常年向贫困地区进行捐款，仅总部就向贫困地区及贫困家庭累计捐款近6000万元，通过中国快递协会为河北平泉市捐款400万元。中通快递四川分公司从每票快件中捐1分钱，仅2020年该项目就累积捐赠220万元。

①中通快递高运力牵引车装载85519本爱心书籍从浙江杭州出发,无偿运送至3000多公里外的西藏墨脱县
②中通快递大力兴建希望学校,为提升贫困地区的教学质量和教育水平发挥积极作用

五、圆通速递助力脱贫攻坚的主要做法与成效

圆通速递深入贯彻党中央关于深度贫困地区脱贫攻坚的总体部署,通过直接吸纳就业、培训农民就业、"快递+电商"促进农村特色产品销售等做法,在快递物流业助力精准扶贫方面进行了大胆探索,并取得了一定成效。圆通多年来在产业扶贫、教育扶贫和就业扶贫等方面不断布局精准扶贫,签订对口扶贫协议的地区包括云南德宏州、陕西周至县、河北平泉市等。

助力产业扶贫。2017年以来,圆通速递通过创新"快递+电商"模式,在山东济宁兖州成立"e城e品"农村电商全国孵化基地,致力为农村电商提供一站式服务。至今,圆通"e城e品"销售的农产品包括陕西、山西、山东等地的苹果、猕猴桃、滩枣、柠檬、莲藕、红皮土豆、脐橙等100多种产品,帮助销售的农产品有120万余单,销售额约4000万元。

①圆通希望小学在四川省仪陇县落成
②圆通速递通过"快递+电商"为山东省嘉祥县一批滞销苹果进行线上平台进行推广,三天内就将第一批约1万千克的苹果销售一空,为农户增加收入数万元
③"圆通速递扶贫助残就业基地"在甘肃省张掖地区挂牌成立
④圆通速递陕西省商洛市柞水加盟网点为柞水木耳提供打包和寄递服务

助力教育扶贫。圆通速递在发展企业的同时,不忘从事公益活动,通过捐款办学、捐资助学、物资捐助、校企合作等活动,累计捐助1600万余元,用于帮助学生顺利完成学业。

助力就业扶贫。圆通速递在全国的扶贫工作覆盖17个省(直辖市),全网从业人数近45万人中,女性员工占36%,残疾就业人员占0.51%。圆通速递在国家级贫困县、农村地区的网点布局有1.16%,已成为连接农产品源头到市场的重要桥梁,成为缩小城乡差距、增加农民收入的"助推器"。

① 圆通速递免费为云南麻栗坡县、红河哈尼族彝族自治州、普洱市思茅区、西双版纳傣族自治州的贫困师生们送上 1000 箱衣服
② 圆通速递为浙江省桐庐分水高级中学捐赠 10 万元人民币

圆通速递积极参与社会公益，通过公益捐款的方式助力家乡建设，支援抗震救灾，帮助各类贫困人群。截至 2020 年 4 月，圆通速递累计各类捐款捐物约 3 亿元。其中，助力桐庐县建设累计捐款 1800 万余元；向各类公益基金捐款约 5000 万元；助力精准扶贫，投入金额达 6550 万余元；帮助困难人群 8930 万余元、支援各类抗震救灾 1560 万余元；受惠人群覆盖贫困地区农民、环卫工人、贫困学生、灾区群众等。圆通速递还充分发挥网络覆盖优势，不断展现作为物流企业的担当，多次作为公益运输单位，对爱心物资进行免费运输，运输次数超 1100 次。

六、申通快递助力脱贫攻坚的主要做法与成效

申通快递积极发挥自身优势，主动融入国家扶贫格局，围绕安老、扶幼、助学、济困四大方面全面部署脱贫攻坚工作。申通快递将安老工作摆在突出位置，开展系列尊老、爱老、敬老主题活动，走访慰问敬老院老人，为孤寡老人送上暖心慰问。积极帮扶贫困家庭及其子女，关爱留守儿童，将扶幼扶心相结

合，不仅物质上捐助贫困儿童，还关注贫困儿童心理健康。在贫困地区建设公益图书馆并捐赠教学物质，面向贫困学生发放助学金，切实解决贫困地区上学难问题，促进教育公平。积极推广"寄递+电商+农产品+农户"的产业扶贫模式，利用自身平台优势，有效解决贫困地区农产品推广难问题。2019年申通快递全年度扶贫总投入2814万元，其中产业脱贫项目300个，总投入1500万元，转移就业总投入200万元，职业技能培训人数2000人次，帮助建档立卡贫困户实现就业1500人等。截至2020年9月份，申通快递旗下"申鲜生活"电商平台通过线上线下一体化营销，为各地农特产拓宽销售渠道，增加农民收入。2020年累计帮助农民完成农副特产销售超过28万公斤，在全国10多个贫困地区开展电商助农活动。

直播助农新模式。申通快递在为区域经济作出重要贡献的同时，依托自身在快递物流方面的优势，打造快递下乡和农产品上行双品优质通道。

①申通快递董事长陈德军亲赴湖北直播助农
②湖北枣阳桃采摘现场

致力助学兴教。申通快递关注未来人才教育与发展，通过捐赠文具、书本、教学设备等，改善贫困地区教学环境。

申通快递在甘肃省定西市岷县马坞曹眼镇组织志愿者为贫困学生捐赠图书用品，并为孩子们授课

开展帮困扶贫。申通快递成立爱心救助基金，通过依托爱心救助基金针对全网困难员工实施帮困扶贫活动。

助力残疾人就业。申通快递以弘扬人道，奉献爱心为宗旨，建立起残疾人就业机制，充分利用公司平台资源量身定制岗位，帮助残疾人更好的就业。

推动电商扶贫。申通快递为了促进农村经济发展，精准扶贫助农，一方面加大对农村地区的快递网络覆盖，另一方面深入原产地，积极寻求农民、农业基地、农村电商、果园场的合作，帮助农民解决农产品销售困难等问题。

①申通快递参加河北省平泉市美食节，推动食品类农产品销售
②申通快递乌鲁木齐公司携手当地商务公司，搭建农产品进城"直通车"

抗疫救灾物资爱心接力运输。申通快递在抗疫阻击战中，紧急响应和落实国家抗疫工作，充分发挥各自的区域、资源、渠道等优势为抗击疫情物资采购运输，紧急调动全球寄递绿色通道，为全球抗疫物资寄递提供绿色通道，为抗疫运输提供最大化的支持保障。

七、韵达速递助力脱贫攻坚的主要做法与成效

韵达速递积极响应国家精准扶贫政策和国家邮政局"快递进村"工作部署，充分发挥网络覆盖范围广、就业吸纳容量大、产业带动力量强等优势，创新扶贫新模式，因地制宜，通过助农扶贫、消费扶贫、教育扶贫等方式，带动农村经济发展。

打通农产品出村"绿色通道"。为畅通农产品上行渠道，打开农产品销路，促进农民创收，韵达速递采取多措施加强农村地区的网点布局和建设，推进农村快递产业链布局，以资源整合形式推动农产品销售。通过组建"助农专项小组"，携手农产品基地产业机构打通农产品出村绿色通道，促进当地优质农产品销售帮助农户增收，为客户提供更优质的服务。在揽收环节，针对生鲜农产品不耐储存等特点，韵达速递陕西眉县网点提供装卸、运输全环节一体化专业服务，采用原产地直发方式，直入产业园助力果实打包装箱。在包装环节，为防止猕猴桃路上受到挤压，使用泡沫蛋托包装发货。在运输环节，韵达速递"绿色通道"为农产品运输提供单独流水线，运输过程中严格把关，人工装车，保证猕猴桃在运输的过程中完好无损；并通过增加运输车辆、优先中转、优先派送等提高时效的方式，

确保每一票快件都迅速、精准送达客户手中。值得一提的是，2020年，韵达速递以特色农产品为对象，推进生鲜限时寄递产品"韵鲜达"项目，并积极开发可享受政策红利、带来高利润的绿色货品，协调全网资源特别标识、优先操作。在流通、销售各环节，韵达速递打通了制约扶贫地区商户的"痛点"和"难点"，推动贫困地区产品和服务融入全国大市场，为消费扶贫和"农特产品上行"提供极致的快递服务体验和快递时效。

韵达速递助力陕西眉县猕猴桃运向全国

推动"快递+电商+农特产品+农户"产业扶贫模式。韵达溜达商城与多家网点组建专门的生鲜果蔬团队，多次举行"爱心扶贫助农活动"，发挥快递网络优势，利用电商平台覆盖面广、传播率高、大数据全等特点，为新疆、陕西、重庆、四川、云南、海南、辽宁、山西等多个地区销售农产品超6.4万斤。2017年，陕西省浐灞生态区驻村帮扶工作组正式在韵达"优递爱"

电商平台开始销售临潼石榴。韵达速递网点与临潼区所有种植石榴的贫困村签订石榴收购协议,在贫困村直接设立收购点和包装分级库房,每日按订单新鲜采摘,24小时不间断地将贫困村的石榴发往全国,让临潼石榴种植户与全国市场高效对接,对推动本地农特产品外销取得良好成效。

授人以鱼不如授人以渔,助农扶贫最终的落脚点不是一时解决农特产品销售难题,而是要提供持续长效的物流解决方案,帮助贫困地区人口培养"造血"能力。韵达速递采取购买优质石榴树苗、组织农业技能专门培训等方式"反哺"临潼贫困村,并成立"优递爱农讲所"帮助贫困村实现产业升级。得益于国家多年的脱贫攻坚工作,当地群众纷纷投入石榴产业发展行列,依托电商和快递,临潼农产品正加速"飞向"全国各地。

韵达速递开启"快递+农产品"新模式

探索"寄递+金融"消费扶贫模式。2020年，韵达速递与中国建设银行上海市分行签署扶贫合作协议，以陕西省安康市一区三县为试点，通过资源共享，携手助力消费扶贫。韵达速递利用快递物流服务资源，针对安康地区善融扶贫订单物流，给予低于市场价的专享优惠费用，切实降低成本；中国建设银行通过善融商务搭建平台，支持扶贫农产品销售往全国。为了更大限度地支持扶贫商户，方便商户统计扶贫订单，韵达速递与中国建设银行善融平台实现了系统直连，并在同年8月初开始试运行。此次在扶贫项目上的强强联合，优化了扶贫商户的后台操作，降低了商户的运输成本。在流通、销售各环节，打通制约扶贫地区商户的"痛点"和"难点"，推动贫困地区产品和服务融入全国大市场，实现帮扶贫困地区脱贫致富。

韵达速递与中国建设银行携手打造消费扶贫新模式

提供就业机会扶贫模式。近年来，韵达速递以服务实体经济为宗旨，以满足客户需求为导向，以快递核心业务为主体，积极嫁接周边产业链，陆续布局了韵达供应链、韵达国际、韵达科技以及韵达末端服务、广告宣传等周边产业链，向上下游不同客户提供多元化、个性化服务。增加就业是最有效最直接的脱贫方式，韵达速递积极扩展生态圈的过程中吸纳了大量来自贫困地区的人员进入韵达速递网络就业创业。韵达速递通过不断扩大业务及网络覆盖力度，在全国范围内增设网点和分拨中心等，韵达速递员工总人数达到40余万人，并保持逐年递增的良好态势。

补齐教育扶贫短板模式。让贫困家庭子女都能接受有质量的义务教育，是夯实脱贫攻坚根基之所在。韵达速递高度重视贫困地区教育事业，通过上海韵达公益基金会，持续开展慈善助学事业，坚持将"扶贫"与"扶志""扶智"相结合。2020年，韵达速递基金会通过"韵·苗"助学、"韵·情"助困、"韵·语"助翼等项目，搭建多方参与的平台，汇集社会公益力量，用实际行动捐资100余万元，资助了200余名贫困地区孩子。此外，韵达公益基金会还开展了"青海果洛州"等诸多助力脱贫攻坚项目，帮助上海对口支援的地区脱离贫困。

脱贫摘帽不是终点，而是新生活、新奋斗的起点。下一步，韵达速递将响应国家号召，结合韵达速递"快递下乡"工作经验，加快推进"快递进村"工程，提升广大农村地区韵达速递服务网络覆盖率，打通城乡"大动脉"，巩固拓展脱贫攻坚成果，促进农民生活更加富裕，为农村产业高质量发展和乡村振兴战略继续贡献韵达力量。

八、百世快递助力脱贫攻坚的主要做法与成效

百世快递积极响应落实国家"快递下乡"工程、"快递进村""三向工程"等政策，深入乡镇、农村地区着力打造符合村镇发展模式的邻里驿站，健全乡镇、农村配送网络，全力支持和发展农村电子商务和快递业务，发挥自身网络和技术优势，凭借服务和产品的创新，以及持续末端投入，不断探索"物流+电商+农特产品"产业扶贫模式，完善最初一公里和最后一公里服务体验，助力全面打赢脱贫攻坚战。

布局广泛深入的快递物流网络。百世快递在现有成熟物流体系基础上，不断完善乡村基础物流设施建设，加大对乡镇、农村的基础物流设施建设，积极探索新业态新模式，在乡镇、农村地区着力打造符合村镇发展模式的邻里驿站，全力支持和发展农村电子商务和快递业务。这些末端服务点不仅提供代派代寄的便民快递服务，还可以因地制宜，融合购物、充值、代交水电气费用等便利服务。截至2020年6月，百世快递在全国拥有47000多个末端网点，省市网络覆盖率达100%，区县覆盖率达100%，乡镇覆盖率为93%，位居行业前列。预计2022年底，百世快递将在乡镇和农村建设完成5万个末端服务点，助推农村脱贫攻坚。

推动"农品优行"产业扶贫模式。百世快递于2018年开始试点"农品优行"计划，于2019年正式发布，并与云南省永胜县人民政府签署"百万助农"战略合作协议，百世快递将

为"农品优行"计划提供百万元补贴。"农品优行"计划依托百世快递在系统、技术、人才培养、末端服务等方面优势，通过便捷寄递服务、鲜果件操作标准作业程序（SOP）、车线直发、产品分销以及一站式服务为果农提供鲜果供应链智慧解决方案。"农品优行"计划持续为果农和消费者提供高效、便捷的末端快递物流服务，为贫困地区脱贫摘帽提供新路径和新模式；不仅助力农产品上行、促进当地果农增收、帮助地域性品牌扩大影响力和知名度，还通过直接补贴果农快递费、补贴驿站的方式，进一步降低物流成本，保障邻里驿站经营者的收益。截至2020年6月，"农品优行"计划已与甘肃天水、湖南永兴、丽江永胜、山东海阳、广东韶关、重庆奉节等地方政府达成助农战略合作，已为全国30余个地区的80多款农产品提供售卖和运输便利，累计销售农产品超过625万千克，助农收益超4700万元。

构建"物流+电商+农特产品"智慧解决方案。百世快递智慧助农的第一步是搭建快递网络，给农产品搭建销路。云南省丽江市永胜县受制于地处偏远、交通不便等因素，永胜软籽石榴的物流成本居高不下，外销的运输质量无法保证。针对当地的物流运输难题，百世快递因地制宜，从包装、仓储、集散、运输、配送等方面打造一站式生鲜物流解决方案，推进"互联网+仓配一体化"服务，实现永胜软籽石榴新鲜采摘、产地直发。为帮助农户解决石榴线上销售难题，百世快递与当地金沙江水果产业协会合作，通过电商平台进行销售，线上线下多措并举帮助果农打通销售通路。百世快递智慧助农的第二步是授人以渔,引导、培训农民运营电商、销售产品。百世快递在多地助农工作中,引导农户运营电商,教授专业的电商物流运营知识,包括物流包装方案、仓储方案、最小存货单位设计、运费成本控制等,让农民足不出户学习电商基础知识。

"农品优行"项目发布仪式

百世快递启动"优鲜达"时效产品,助力农产品快速出村

第六章 邮政快递企业助力脱贫攻坚的主要做法与成效

百世快递扶贫捐赠

百世快递工作人员在称重广西壮族自治区涠洲岛矮蕉

九、苏宁物流助力脱贫攻坚的主要做法与成效

苏宁物流始终充分发挥企业自身优势，履行企业社会责任，支持公益慈善事业创新发展，积极推动消费扶贫、精准扶贫和产业扶贫。2015年9月，苏宁物流作为第一家和国务院扶贫办签订

全国农村电商扶贫战略合作框架协议的民营企业，成立扶贫工作领导小组，由集团党委牵头组建扶贫办。截至2020年上半年，企业扶贫专项投入超过5亿元，从事扶贫工作的人员超过1000人。线下苏宁物流深入乡村及国家级贫困县开设实体店近7000家，覆盖184个国家级贫困县；线上惠及全国约1万余个贫困村、761万贫困人口，苏宁物流全渠道累计销售农产品130亿元。

制定"一二三四五"长效精准扶贫战略。苏宁物流扶贫工作领导小组整合零售、物流、金融、科技、置业、文创、体育、投资八大产业资源，把助力脱贫攻坚、乡村振兴任务落实到各产业、各地区，确保集团扶贫工作的体系化管理和系统化推进。2018年底，苏宁物流明确了"一二三四五"精准扶贫和乡村振兴战略规划，即以"聚焦乡村振兴，聚力精准扶贫"为一大目标，线上多平台+线下多业态联动，输血造血"双轮驱动"，以农业产业化、产品品牌化、人才专业化"三化发展"为抓手，推动产业扶贫、就业扶贫、捐资扶贫、教育扶贫"四扶一体"多元发展，实现"五当落地"，即投资在当地、纳税在当地、就业在当地、服务在当地、造福在当地。结合规划，苏宁物流形成了从专业合作、实训就业、产业扶持、机制设计的一整套扶贫工作解决方案，促进了精准扶贫的实效长效运行。

线下首创"造血"扶贫新模式。为进一步强化精准扶贫实效，形成助力乡村脱贫与振兴长效机制，苏宁物流在电商扶贫基础上，创新发展了电商扶贫新模式——"苏宁易购扶贫实训店"。2018年，苏宁易购"扶贫实训店"开始在国家级贫困县落地推广，通过在属地化公司注册、实体店落地、线上线下融合,"输血与造血相结合",实现了教育扶贫、就业扶贫、产业扶贫、捐资扶贫"四扶合一"。每个实训店聚焦当地建档立卡贫困户,不定期为其提供培训和实践的机会,学习电商知识、电商业务技能、农产品品牌经营意识等。同时,建档立卡贫困户每天还可以获得200~250元的岗位培训补贴,既解了燃眉之急,又为其长期脱贫提供了技能支持。实训结束后,贫困户可以在苏宁物流直接就业,也可以作为兼职人员推广苏宁产品获得佣金收入,同时可以根据自身掌握的技能在苏宁生态圈企业或其他企业就业、创业,真正实现"授之以渔"。截至2020年上半年,苏宁物流在全国21个省份开设116个"苏宁易购扶贫实训店",直接解决当地贫困人员5017人的就业问题。

湖南省芷江苏宁易购扶贫实训店

线上频道助力农特产品上行。苏宁物流借助平台优势,在线上平台首页设置"助农扶贫"的独立入口、独立频道,开设苏宁易购中华特色馆,联合各地政府打造地域特色优质商品导购平台,打通线上渠道,让更多的农特产品通过互联网渠道走出深山、走向全国。2020年新冠肺炎疫情暴发以来，苏宁易购和苏宁物流充分利用线上频道缓解贫困地区农产品滞销问题，仅2月份便帮助600多户农户销售逾千万千克农产品，包括约50万千克红富士苹果、约32.5万千克四川柑橘、12.5万千克攀枝花西红柿、76.5万千克大米等。目前，苏宁易购已开设400多家中华特色馆，惠及1082个县市，帮助优质农产品"触电"，打造特色产业。在线上，苏宁物流还依托苏宁拼购、苏鲜生、苏宁超市等频道，惠及全国约1万余个贫困村、761万贫困人口。

助力贫困地区儿童全面发展。自2016年起，苏宁物流携手中国扶贫基金会开启"善行者"徒步筹款活动的十年战略合作，以"每一步都会带来改变"的信念发动公众支持公益。2018年，该项目累计筹集善款近千万元，参与筹款人数近20万人。"梦想大篷车——苏宁号"是苏宁物流携手上海真爱梦想公益基金会共同打造的致力提升贫困地区儿童素养教育水平的公益项目。2018年，该项目以"素养教育边疆行"为主题，历经黑龙江、内蒙古、新疆、云南、福建、江苏6省（自治区）12县，为当地学生打造3D打印、VR体验、摄影课和理财课等梦想课堂。2018年上半年，项目直接受益儿童达5000余名，惠及学生45000余名。"溪桥工程""筑巢行动"是中国扶贫基金会为解决贫困地区学生出行难、住宿难问题而发起的公益项目。2011—2016年，苏宁物流通过"溪桥工程"为贫困地区建成170座"苏宁桥"，惠及27.3万人；通过"筑巢行动"为贫困地区援建73所小学建设"苏宁校舍"，惠及超过3万名学生。

2019年底，苏宁物流正式提出了未来十年的公益慈善战略规划，即"乡村振兴521计划"：未来十年在乡村地区布局5000个苏宁村、2000个县级苏宁易购中华特色馆、10万家苏宁零售云门店。当前，苏宁物流正在充分利用自身零售、金融、物流、科技、公益等内外部资源，以苏宁村、苏宁易购零售云、苏宁推客等业务为载体，全力克服新冠肺炎疫情带来的不利影响，联合社会力量，推动农村产业升级，并为返乡以及在地农村青年创业就业提供更多支持，全面助力乡村振兴事业的深入发展促进农村服务业发展，持续助力"村强、民富、产业旺"。

十、德邦快递助力脱贫攻坚的主要做法与成效

德邦快递多年来积极参与扶贫活动，大力拓展快递末端网络，推动快递下乡进村。截至2021年3月，德邦快递在全国共设末端网点近11000家，省、区、市覆盖率达99%，乡镇覆盖率达95.2%。农村快递网点的建立，实现了城乡商品的便捷流通，发挥了普惠民生、便民利商的效果，在助力农村脱贫致富方面起到了积极的作用。

陕西猕猴桃电商扶贫。我国农产品丰富，但受地理、交通、产业链等限制，一些贫困地区物美价廉的农产品无法顺利销售。为助农脱贫，德邦快递大力实施电商扶贫，依托物流网络优势，推出特色物流解决方案，切实帮助农民解决包装、运输等问题，助力农业发展。2020年8月19日和8月20日，德邦快递分别在陕西眉县、周至县举办陕西猕猴桃电商扶贫发布会。会上发布了针对当地猕猴桃市场的运输解决方案。同时，通过内部的

"西北农鲜生""邦安选"平台,帮助果农进行销售,实现多维度的扶贫助农。

以销代运,汶川生鲜扶贫。2020年受新冠肺炎疫情影响,四川省汶川县甜樱桃的销路遇到困难。除全面开展"冷链+飞机+冷链"生鲜运送外,为了帮助当地果农增销增收,德邦快递针对性地出台帮扶计划,在公司内销平台,上架汶川甜樱桃,号召员工购买优质水果,通过产业+消费扶贫模式,实现果农、员工、企业三赢。

汶川生鲜扶贫

茶香天下,邦运无忧。武夷岩茶既有绿茶的清香,又有红茶的甘醇,属中国乌龙茶之极品。2020年,为解决疫情期间春茶上市难题,德邦快递制定综合解决方案,从包装、时效、服务、价格等多个层次出发,拓宽线上道路,帮助深受疫情影响的茶农走出困境,解决线下销售遇阻难题。德邦快递深入产茶区增开营收点,在茶山上开设代收点,实行全区域揽收覆盖,解决茶山偏远,茶农装货难、装货慢等诸多问题,综合运用运输流程可视化、为茶农专设理赔机制等方式,保障疫情之下春茶顺利出山。

为武夷山茶叶市场提供专业运输解决方案,助力销往全国各地

旧衣回收,扶贫送温暖。2019年德邦快递联合闲鱼发起旧衣回收活动,经加工的旧衣将被制成手套免费赠送给外卖和快递小哥,为寒风中的他们送去冬日的温暖。同时,德邦助力新疆至云南万里暖冬暖心行动,定制新疆—云南运输线路,为山区老人儿童送去关怀。

定制新疆—云南运输线路,为山区老人儿童送去关怀

十一、菜鸟网络助力脱贫攻坚的主要做法与成效

阿里巴巴集团将"乡村振兴数字引擎"定为公司农村战略。菜鸟网络在创新业务发展同时,积极参与脱贫攻坚工作,通过共配工程和专项行动,取得扶贫良好成效。

共配工程助扶贫。菜鸟网络将技术与商业相融合,通过提供"溪鸟共配系统"和共配运营标准,制定共配解决方案,帮助 70 多个贫困县域快递企业实施"农村快递智慧共配"工程,建立以共同配送中心、乡村共配服务站为依托的农村物流共配服务网络,推动交、邮、快、商、销等资源融合,提升农村物流基建服务水平,赋能农村末端共配站点集约化、标准化和商业化,实现取包裹变产包裹,助力农村物流降本提效增收,减小乡镇快递末端生存压力,直接或间接创造就业机会(如贵州雷山县共配项目吸收 15 个贫困户从事客服、快递分拣、派送等工作)。同时,整合共配网络、供应链能力和电商资源,开展助农扶贫农产品上行促销活动,推动农村快递行业更好发展,为农村消费者提供更加便捷的服务。经统计,共配项目投资设备、场地补贴 430 万元、人工和技术研发服务投入 1000 多万元,开展职业技能培训 1000 余人;直播资源投入 46 万元,上行促销活动涉及 34 个贫困县 84 种农产品,销售 26 万件商品、750 万元。

"酿蜜"专项扶贫行动。菜鸟网络围绕"三区三州"贫困地区开展专项"酿蜜"扶贫行动,投入专项扶贫经费,投资建

设扶贫产业项目，与甘肃、贵州、云南、宁夏、四川和青海7省（自治区）9市（州）邮政管理部门合作，针对9县10个村实施电商、快递、养殖、道路硬化、加工仓储、经济林果种植、学生关爱、食品加工等产业精准扶贫项目8个、巩固脱贫项目2个。

①菜鸟网络在四川省国家级贫困县布拖县建立共配中心，方便居民取快递
②四川省国家级贫困县越西县共配中心快递操作流水线
③菜鸟网络乡村"溪鸟共配系统"在湖北省贫困县英山县帮助快递企业和网点降本增效
④贵州省贫困县雷山县郎德镇菜鸟乡村共配服务站

第七章 邮政快递业从助力脱贫攻坚走向助力乡村振兴

一、邮政快递业助力乡村振兴的广阔前景

(一) 农村正成为邮政快递业发展的新引擎

农村市场潜力巨大,邮政快递业是全网型企业,邮政快递业的发展离不开农村。随着政策的大力支持、市场的日益健全以及大量人才返乡,农村电商迈入快速发展期。农村电商的快速发展,在引领城乡消费内需、重塑产业结构、促进城乡协调发展方面起到了重要作用,对邮政快递业的发展也起到推动作用。我国农村贫困人口从2012年末的9899万人减少到2019年末的551万人,贫困发生率从10.2%降至0.6%。2013—2019年,全国居民人均可支配收入年均实际增长7.1%,快于同期人均国内生产总值(GDP)年均增速,农村居民生活质量显著提升,农村用邮需求进一步增加,对经济贡献占比增加。同时,随着惠农合作的进一步深入,农村产业"走出去"的需求也促进了农村邮政布局和模式的优化和发展。例如,江西省萍乡开展的"益农商城"项目,产品包括当季蔬菜、笋干、土鸭蛋、野生藤茶、六月黑豆、薯粉丝等多种特色农品,该项目已在全区各单位铺开,共7700余人下载注册,4000余人选购产品,

合计销售金额35万元,日均寄递量达200~300单,覆盖3个贫困村带动106户贫困户增收11万元。

(二) 农业正成为邮政快递业创新的新沃土

随着脱贫攻坚的深入开展,农业已经融入了邮政生态圈中,成为邮政快递业创新的新沃土,特色农产品正在借助邮政通路走向全国、走向世界。例如,"黔邮乡情"作为"贵州邮政电商精准脱贫工程",已成为拥有完整的、专业的运营推广团队和稳定的农产品来源,在省内颇具一定影响力的电商平台。"黔邮乡情"旨在将大山里的农产品销售出去,帮助农民脱贫致富,也让城市里的人吃上绿色健康的食品,包括产品上线、品质把控、特色营销、售后服务等环节,已上线修文猕猴桃、赤水冬笋、印江金香橘、册亨糯米蕉等特色农产品并盈利。在邮政快递业的支撑下,农业的发展模式和业态必将进一步丰富和多元,这也将促进邮政快递业的升级发展和跨界融合。

(三) 农民正成为邮政快递业升级的新主力

青年是国家发展的中坚力量,是乡村振兴的生力军。"功以才成,业由才广"。近年来,随着新农村建设步伐加快,农村经济取得长足进步,市场前景广阔,青年返乡创业蔚然成风,为乡村振兴注入新活力。党的十九大把乡村振兴战略作为国家战略,成为党和政府这几年来工作的重中之重。如何下好乡村振兴这盘大旗,就要纵观全局牢牢把握住集聚人才的大举措。快递业作为劳动密集型的服务产业,在快速发展的同时直接吸纳就业人口超过百万人。互联网时代下,快递业务不断转型升级，业务范围加速拓展，创造了包括一线快递员、仓库操作员、分拣员、货车司机、客服人员、基层管理人员以及总部职能人员、智能化设备操作员、研发人员等一系列多元化就业机会。随着快递网络布局不断延伸，快递加盟模式助力网点落地各城乡村镇，同时也为农民提供更多创业就业机会，农民日益成为邮政快递业新主力。

（四）邮政快递业为乡村振兴带来新机遇

邮政、快递两张网已经深入千村百店，给农村经济的发展插上了翅膀。邮政快递业将继续围绕国家重大战略部署，充分发挥"邮政、快递+电商"的经验优势，促进农产品电商平台与渠道配送一体化的资源整合，走出解决农产品"卖难"的新路径，提升寄递服务专业化、标准化、规模化水平，为乡村振兴提供了新机遇。一是邮政快递业基础设施建设不断完善。"邮政在乡"工程和"快递下乡"工程换挡升级，贫困地区邮政基础设施建设不断加强，双向流通渠道日益通畅。行业科技和信息应用支撑不断强化，乡镇级建设智能化快递专业类园区和仓储、分拣处理设施有序展开。二是农村电商机制不断完善。"邮政、快递+农村电商+农户"合作机制日益成熟，邮政快递企业参与涉农电子商务平台建设，服务产地直销、订单生产等农业生产新模式层出不穷，农特产品的垂直服务渠道和区域服务网络逐步完善。三是网络设施资源有效协同。邮政快递与交通、商贸、农业、供销、电商等合作机制日益顺畅，实现了邮政快递企业渠道布局与其他农村基础设施资源的共用和衔接，推动在市县乡铁路、客运等枢纽场站建设或预留邮快件仓储和分拨中心，有效推动贫困地区农村资源变资产，助推城乡之间协同发展。

桐庐县钟山乡实现快递服务村村通

（五）邮政快递业为乡村振兴描绘新蓝图

近年来，邮政快递业紧扣党中央决策部署，着力发挥行业网络优势，服务乡村振兴国家重大战略，持续深入做好邮政服务"三农"工作。通过采取扩大网络覆盖、畅通寄递渠道、提升服务水平、创新服务模式等具体举措，在打造"农产品进城、工业品下乡"双向流通渠道、支持农村电商发展方面取得了很大成效。下一步要重点推进包括建制村直接通邮、"快递下乡"工程、"一市一品"农特产品进城项目、村级邮乐购站点建设、邮政农村综合服务平台建设等；重点推动农村邮政快递网络建设，完善乡镇一级网点布局，推进西部和农村地区邮政普遍服务基础设施建设。从顶层设计、基础设施、产业布局等方面为乡村振兴描绘新蓝图，以邮政发展助推乡村振兴。

二、邮政快递业助力乡村振兴的重点领域

国家邮政局围绕农业农村现代化的总目标，提出了未来几年行业服务乡村振兴的工作思路：坚持以农为先、普惠均衡、绿色发展和因地制宜的原则，以深化邮政快递业供给侧结构性改革为主线，通过构建部门协同工作机制，在农村地区着力补齐基础设施短板、着力提升寄递质量水平、着力促进绿色安全畅通，深入推进邮政快递业与现代农业体系融合发展，助力脱贫攻坚和农民创业增收，为农业全面升级、农村全面进步、农民全面发展作出贡献。

（一）农村电商领域

完善农村快递物流配送体系，积极探索电商扶贫方式。以农特产品为依托，拓宽特色农产品销售渠道，完善农村电商精准扶贫共享平台。支持邮政快递企业推进农村电商O2O平台建设，实现自有网点对贫困县、有条件的贫困村全覆盖。深入实施电子商务进农村综合示范，推动完善农村物流体系。推广"寄递+电商+农特产品+农户"模式，培育"快递+金银铜牌项目"，打造农特产品直通车。推广直播电商、社交电商等新模式，推动产销一体化，促进农村一二三产业融合发展。中国邮政着力实现"三个一"工程（即利用三年的时间帮助每个国家级贫困县打造1个标准地方馆、培育1000个年销售过万单的扶贫农特产品、培养1万名电商扶贫能手），通过电商扶贫，让贫困地区产品直接进城入市，这不仅把一部分消费扶贫资源

配置到贫困地区，而且提高了农特产品的市场价格，助力当地的经济发展，促进贫困户增收，助力脱贫攻坚。

中国邮政大力打造综合服务平台——村邮乐购

（二）生鲜冷链领域

打造农业产业园、现代农业示范区、农产品加工园、快递物流园区的冷链快递物流，合理规划冷藏库、冷冻库等设施布局，推动建设一批现代化农产品冷链快递物流集散中心。支持重点龙头企业、行业协会制定推广农产品冷链寄递标准和服务规范。支持邮政快递企业在农产品产地和部分田头市场建设预冷、保鲜等初加工冷链设施，建立覆盖农产品生产、加工、运输、储存、销售等环节的全程冷链快递物流体系。支持重点龙头企业、行业协会制定推广农产品冷链寄递标准和服务规范。大力发展农村冷链物流和冷库建设。加强农村地区冷链物流整体规划和建设，落实对冷库建设的财政扶持，推动冷链物流系统落地农村。加大对冷链物流龙头企业的培育力度，引导其下沉到农村地区，发挥带动效应。

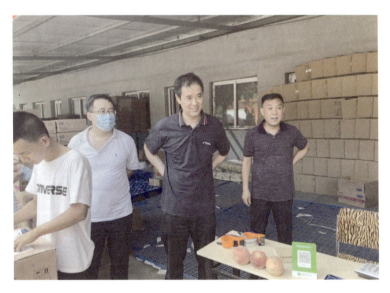

北京市邮政管理局党组书记、局长王跃在平谷调研邮政快递业服务特色农产品收寄工作

（三）供应链领域

重塑农村电商农产品供应链体系，推动农业产业升级。从农产品的上下游环节来看，供应链包括农资供应链、种植型供应链、生产型供应链、流通型供应链等现代化农业供应链。推动农资供应链向着 O2O 模式演化。创新探索农资的农业生产的上游领域，通过将互联网应用于农资生产和配送，为农户生产投入提供更加精准便捷的服务。随着电商企业在农资供应领域不断将服务向产业链中下游延伸，推动形成更加完善的农业服务生态体系。农村快递推动种植型供应链的形成的主要作用在于可以推动农产品销售规模化反向推动种田大户、家庭农场、农民合作社等新型农业经营主体的形成。同时电商经营主体可

根据销售大数据，对网上消费者需求偏好与规模的分析，指导农户根据市场需求快速调整种植结构。农村电商快递打通了农业生产和销售环节。生产型供应链应采用互联网、大数据、区块链等信息技术实行专业化生产，提高种植效率，为加工企业提供更多高效优质农产品，使农业生产向专业化、科技化、规模化方面发展，推动农业产业升级。推动流通型供应链不断转型。农村电商由淘宝村、京东村店的工业品和消费品下乡发展出拼多多的农产品上行，电商模式由单一的网络零售向零售、批发并重转变，从传统电商向垂直电商、社区电商、社交电商等模式转变，推动乡村快递物流配送体系完善。

（四）创新服务领域

促进乡村文化和旅游发展。注重挖掘宣传文物古迹、古村落、古民居、少数民族特色村寨、农业遗迹、灌溉工程遗产、优秀农耕文化、乡村传统工艺、优秀戏曲曲艺、少数民族文化、民间文化等乡村文化和旅游资源，发行纪特邮票、纪念封、明信片等邮资票品。中国邮政深入做好县及以下区域的政务图书发行和报刊征订工作，实现全国建制村报刊征订全覆盖。依托风景名胜区、历史文化名城名镇名村、重要农业文化遗产地、特色景观旅游名镇、传统村落、乡村休闲旅游点，合理布局建设主题邮局，提供集邮产品、旅游纪念品等销售服务，丰富乡村旅游内容。邮政快递企业利用自有电商平台宣传、销售具有地方特色的服饰、手工艺品、农特产品等，为乡村旅游提供便捷寄递服务，推进乡村旅游经济发展。

三、邮政快递业助力乡村振兴的路径建议

根据党中央、国务院的总体部署,到 2020 年,我国现行标准下农村贫困人口将实现全面脱贫,脱贫攻坚战役的胜利并不意味着扶贫工作的终止,有效防止脱贫人口再次返贫,实现乡村振兴成为下一阶段的工作重点。为此,在下一阶段,邮政快递业将科学处理脱贫攻坚与乡村振兴的相互关系,在政策措施、目标任务、推进机制等方面实现有效衔接,将脱贫攻坚取得的成果作为乡村振兴的基础保障,将乡村振兴作为扶贫工作的更高阶段,实现两者相互支撑、相互促进的良好发展格局。把乡村邮政快递业建设摆在邮政强国建设的重要位置,充分发挥经济活动大动脉优势,提升农业产业链供应链现代化水平,加快构建普惠均等、智能高效、稳固便捷的农村寄递服务网络,为促进农业高质高效、乡村宜居宜业、农民富裕富足,为全面建设社会主义现代化国家开好局、起好步提供有力支撑。

(一) 强化制度衔接

脱贫攻坚与乡村振兴既一脉相承,又重点突出,在推动由脱贫攻坚向乡村振兴转化的过程中,邮政快递业需处理好现行扶贫政策聚焦性与乡村振兴普适性间的矛盾,处理好福利依赖与效率提升间的矛盾,做好脱贫攻坚与乡村振兴制度衔接,在保障政策延续性的基础上,加大乡村邮政政策供给力度。一方面将针对贫困户的专项政策外推至所有农户,强调所有区域、所有乡村整体能力的提升,避免在贫困户与非贫苦户之间因为

政策集聚，造成利益分割与社区内部矛盾的加剧，按照"产业兴旺、生态宜居、乡风文明、治理有效、生活富裕"的乡村振兴方针，统领"十四五"时期邮政快递业农村地区发展规划，以产业兴旺作为基本着力点，进一步加大政策向乡村的倾斜力度，加快快递下乡进村进程，提升乡村高端寄递服务水平。另一方向将专项福利扩大至普适福利，有效避免贫困地区"福利依赖"，将政策资金向邮政快递业基础设施、网络平台、装载工具、冷链设施等基础性、战略性、资源性领域倾斜，加快农村物流信息化、智慧化发展进程，鼓励农村寄递新业态新模式创新，以基础保障提升贫困地区及所有乡村"造血"能力，促进乡村实现物流、商流、信息流、资金流、人流"五流合一"，提升资源配置效率，实现福利效率双提升。

(二) 增强基础建设

一是统筹规划农村快递物流基础设施网络。统筹各部分、各地方政府资源优势与政策支持，加快推动农村网络下沉，完善农村配送网络，合理规划各级网络节点功能、设施，推动"快递下乡"向"快递进村"升级，改造提升农村寄递物流基础设施，积极推动将农村快递基础设施纳入公共服务建设范畴。合理统筹邮政、交通、供销、商务等农村快递物流基础设施，促进各类设施在规划建设、功能布局、投资开发等方面实现有效衔接、共建共享。因地制宜布局规划以县—乡—村三级农村快递物流节点为支撑的基础设施网络体系，增强县级节点与货运场站、商贸流通等资源实现融合共享能力，提升与干线快递物流网络的衔接能力，加强农产品仓储保鲜冷链物流设施建设。优化乡镇节点布局，增强节点上下联通的中转功能。

二是推进农村快递物流枢纽园区建设。在国家现代农业示范区、全国重点农产品、农资、农村消费品集散中心（基地）、重要物流枢纽节点城市规划建设县级快递物流枢纽场站、快递物流园区，增强枢纽场站、快递物流园区配套设施建设，吸引农产品生产、加工、仓储、销售等企业入驻，构建功能多元，服务多维的枢纽、园区布局体系。积极引导枢纽、园区与重点农业生产基地、品牌农产品原产地、新型生产经营主体、农村电商聚集区、淘宝村进行产销对接，提升服务功能，优化配送路径。

三是加强重点地区农村快递物流网络建设。根据少数民族地区、贫困地区、偏远地区农村快递物流服务与电子商务发展特点、需求规模、外销产品等，加大对以上重点地区农村快递物流网络建设的支持力度，增强政策供给。通过项目支持、重点扶持、定点帮扶等形式，大力提高重点地区农村快递物流网点覆盖率。

（三）优化产业生态

一是创新农村快递物流运营模式。大力推广城乡共同配送、统一配送、集中配送等先进配送模式，提高农村快递物流配送的集约化、高效化、便利化发展。鼓励农村快递物流与交通积极融合，通过农村客运车辆运送已经安检的邮件快件、电商包裹，降低农村快递物流配送成本。利用邮路积极开展邮件快件、包裹配送服务，搭载货运、农资运输服务并通过沿途去送、循环配送等模式，提升集中配送服务能力。积极开展"互联网+"农村快递物流，通过网络平台增强运力需求信息发布、路线精准匹配、运力整合、交易结算等功能集成，大力发展网络货运、车货匹配等快递物流新模式，促进配送资源优化配置，提高农村快递物流组织运行效能。

二是丰富农村快递物流与农村电子商务协同发展模式。推广农村快递物流+农村电商+特色农村典型经验模式，加强"一县一品""一村一品"项目建设。充分利用电子商务进农村综合示范建设成果，鼓励农村快递物流企业与电商平台在供需对接基础上，合作开展仓储、分拨、流通加工、配送等一体化服务，促进商流、信息流、资金流和物流四流合一。鼓励依托农村电商，大力发展订单农业、原产地直采直供等产业模式，与新型经营主体建立长期合作机制，促进现代农业长效发展。

（四）推动协同共享

一是引导企业创新合作机制。大力发展"邮快合作""快快合作"，利用邮政公司在农村邮路长、网点多、寄递渠道覆盖率高的优势，在村邮站、乡镇邮政局所和邮政储蓄所搭载快件派送业务，利用转单、代派等合作方式，促进农村快递服务网络的快速拓展。鼓励有条件的地区，促进快递企业间建立企业联盟，通过在联盟内成立第三方配送公司，开展农村末端集中配送。积极开展快递物流与农村电商、交通货运、农产品生产基地的跨界合作，通过参股、兼并、联合等多种形式，增强企业农产品供应链管理能力。

二是大力发展协同合作平台。充分利用农村超市、村委会、村活动中心、供销社、粮站、客运站、农资服务大厅等现有基础设施，大力发展综合服务平台，实现农村电商、农村快递物流、供销、交通、农业等"多点合一"的综合服务供给，发挥整体效能。增强服务平台信息化建设水平，强化综合服务信息采集与审核，促进信息互联互通互享，实现对电商货物交易、运输、仓储、配送全过程的数据跟踪与监控，增强用户体验。

三是创新农村快递物流服务网络功能。鼓励有条件的地区在农村快递物流服务基础功能上，大力拓展农产品仓储、包装、预加工等个性化增值业务，推动产地直销、订单农业等供应链定制服务，为农民创造更多的利润增长空间。加强与现代农业战略合作，鼓励邮政快递企业利用网络优势，建立"连锁经营＋配送到户＋科技服务"的农村快递物流新体系。引导农村快递物流服务嵌入观光农业、乡村旅游，促进快递与旅游协同发展能力的提升，丰富快递服务功能，满足不同涉农寄递需求。将村级快递物流网点建设与商业服务、金融服务、通信服务等功能相结合，扩大服务领域，实现综合效益。

（五）增强科技智能应用

一是推动绿色技术应用。鼓励农村快递物流企业采用低能耗、低排放运输工具，整合农村快递物流资源，优化运输线路，提高车辆装载率，减少返空、迂回运输，使用清洁燃料，减少能耗及尾气排放，实行运输绿色化。大力建设绿色分拨中心，发展节能型绿色仓储设施,通过仓储智能化促进管理绿色化。引导快递物流企业改进农产品运输包装,加强与农村电商平台协调沟通,实现农村快递物流一次包装。增强绿色包装材料使用效率,推广可循环包装箱,实现包装绿色化。充分利用农村农产品物流中心的相关仓储、运输设施,通过共同运输、共同仓储、共同配送等合作模式,打造快递物流与电子商务共生、循环、节约的流通体系。

二是推进冷链技术应用。增强生鲜冷链基地服务体系建设,根据生鲜农产品的运输需要,大力发展冷链快递技术。通过改造县分拣中心或新建方式,设立独立冷藏保鲜仓库,增强产后预冷、储藏保鲜、分级包装等基础设施建设。大力加强冷链运输工具的配置,增加冷链运输车辆配置,提高生鲜农产品的冷藏和运输能力。通过冷链监控平台建设,与溯源技术应用,加强全程温度、湿度监控体系,实现农产品冷链寄递全程可监控,满足生鲜农产品安全配送需要。大力推动"生鲜电商+冷链宅配""中央厨房+冷链配送"等冷链寄递新模式,提升消费体验,促进冷链共同配送能力提升。

三是提升信息技术应用。大力发展农村快递物流数字建设,增强数据基础设施建设与装备配备,促进各环节、各交通工具间数据要素自由流动、互通共享,促进物流信息采集标准化、处理电子化、交互自动化发展。搭建高交互性、高精确度、高时效性的农产品信息网络平台,增强农村电商、农村快递物流服务供需对接,为点对点、C2C客户定制专业化的农产品寄递服务。加强信息化管理系统、云计算、人工智能等信息技术在邮政快递业的研发应用，提升行业科学管理、动态预测、路由规划、精准画像等水平的进一步提升。

四是增强智能装备应用。提升标准化、模块化与柔性化技术装备的应用比例，促进物流技术装备向程控化发展。增强自动识别、射频识别技术（RFID）、红外感知、传感器、视觉感知等各类感知技术在分拣、运输等环节的应用，增强车辆智能化配备水平。在重点县级枢纽场站和园区，大力发展智慧化立体仓库，构建包括机器人搬运＋智能分拣＋在线称重＋智能打包＋自动贴标等技术融合创新，实现从入库到出库的全程无人化管理。